나의 길에 함께해 준 당신,
감사하고 사랑합니다.

_____ 님께 드림

나는 사막에서 삶을 배웠다

고비 사막 250km를 달리며 배운
나를 사랑하는법

FOREWORD

It was a chance encounter. My wife Mary and I had come from Hong Kong to hike on the famous Camino to Santiago de Compostella. This being January and out of season, there were few fellow pilgrims on the trail, and we happily walked together, sharing thoughts about the troubled world we had left behind. As we walked, an urgent voice called from a distance. Looking around, we saw a woman gesticulating and making clear that we had missed a turn in the road. With that gesture she not only led us to the right path but led us to a friendship which in turn introduced her, a native of South Korea, to yet wider horizons.

As Julie, as we know her by her English name, has written in this inspiring book, we invited her to have dinner with us at the end of the hike in the historic Parador de Santiago de Compostella. Until reading her book, we did not appreciate the anxiety this invitation created! Nevertheless, we enjoyed a delightful dinner, during which Mary introduced Julie to RacingThePlanet, the premier series of ultramarathon races around the world, which she had founded, and, in particular, the Gobi March, to be held that summer in Mongolia.

A 250 kilometre staged race across rugged terrain over seven days is a challenge for which most participants train for many months and even years. As you will learn in this book, Julie first committed herself to take on the challenge of the Gobi March and only then to work out how to survive it!

"Lessons from the Desert" contains many strands which are magically intertwined in Julie's sometimes lyrical, sometimes emotional, sometimes instructively

factual style. Her book contains many useful tips for taking on a staged ultramarathon, valuable insights into the power of comradeship and humanity in the face of shared hardship and a paean to the startling beauty of the Mongolian steppe. Consistent throughout, though, is the sense that, through both the pains and the joys of her experience on the race, Julie is discovering new and unexpected depths and capabilities in herself. She is also learning the truth of the ancient proverb: " If you want to go fast, go alone. If you want to go far, go together." The bonds of friendship forged on a race such as she describes are strong and long-lasting.

Julie's triumph in completing a race beyond her initial understanding, her determination and unbroken spirit and her vivid descriptions of the beauty around her should be an inspiration to anyone, perhaps even encouraging someone to follow in her footsteps. As for Mary and myself, we feel more than happy that we turned to hear that call on the road to Santiago de Compostella.

Former Chief Executive of Jardine Matheson

Former Chairman and CEO of Morgan Stanley Asia

A Member of RacingThePlanet's 4 Deserts Club

Alasdair Morrison

추천의 글

우연한 만남이었습니다.

아내 메리와 저는 홍콩에서 출발해 산티아고 순례길을 따라 걸었습니다. 1월 말, 비수기였기에 길 위의 순례자는 드물었고, 우리는 세상이 안고 있는 문제들에 대해 조용히 이야기를 나누며 함께 걸었습니다. 그때, 어디선가 다급한 목소리가 들려왔습니다. 돌아보니 한 여성이 손짓으로 우리가 길을 잘못 들었다고 알려주고 있었습니다.

그녀의 손짓은 우리를 바른 길로 이끌었을 뿐 아니라, 소중한 인연으로 이어졌습니다. 그리고 그 우정은 그녀가 한국이라는 고향을 넘어 더 넓은 세상으로 나아가는 계기가 되었습니다.

우리는 그녀를 영어 이름으로 줄리(Julie)라고 부릅니다.

이 감동적인 책에서 줄리는, 순례길이 끝나는 산티아고 데 콤포스텔라의 유서 깊은 파라도르 호텔에서 우리와 함께한 저녁 식사 이야기를 들려줍니다. 그녀의 책을 읽기 전까지는, 그날의 초대가 그녀에게 얼마나 큰 용기와 긴장감을 안겨주었는지 미처 몰랐습니다.

우리는 아주 즐거운 저녁 시간을 보냈고, 그 자리에서 메리는 줄리에게 자신이 창립한 세계 울트라마라톤 시리즈 RacingThePlanet, 특히 그해 여름 몽골에서 열릴 고비 마치(Gobi March)에 대해 소개했습니다.

250km, 7일간 이어지는 가혹한 지형의 레이스는 대부분의 참가자들이 몇 달, 혹은 몇 년에 걸쳐 준비해야 할 만큼 큰 도전입니다. 줄리는 이 책에서 밝히듯, 먼저 참가를 결심하고, 어떻게 완주할지 고민하기 시작했습니다.

『나는 사막에서 삶을 배웠다』에는 줄리 특유의 서정적인 문체와 감정을 어루만지는 이야기, 그리고 도전을 준비하는 이들에게 도움이 될만한 생생한 정보들이 풍성하게 어우러져 있습니다. 뿐만 아니라, 고난 속에서 피어나는 동료애와 몽골 초원의 경이로운 아름다움에 대한 찬사가 곳곳에 담겨 있습니다.

그리고 그 모든 이야기들 너머에서 줄리는, 고통과 기쁨을 모두 끌어안으며 자기 안의 새로운 깊이와 가능성을 하나씩 발견해 나갑니다.

줄리는 이렇게 말합니다.

"빨리 가고 싶다면 혼자 가고, 멀리 가고 싶다면 함께 가라."

사막 레이스 속에서 만들어낸 우정의 끈은 분명 강하고 오래도록 이어질 것입니다.

불가능해 보였던 도전에 당당히 맞서 끝내 완주해낸 줄리의 용기와 꺾이지 않는 의지, 그리고 그녀의 눈에 담긴 생생한 자연의 아름다움은 분명 많은 이들에게 깊은 울림과 영감을 전할 것입니다. 어쩌면 누군가는 이 책을 덮으며 조심스럽게 줄리의 발자국을 따라 나설지도 모릅니다.

그리고 저와 메리는, 그때 산티아고 길 위에서 그녀의 부름에 귀 기울였던 그 일이 지금도 더없이 기쁘고 감사할 따름입니다.

자딘 매더슨(Jardine Matheson) 전 최고경영자
모건스탠리(Morgan Stanley) 아시아 전 회장 겸 CEO
RacingThePlanet의 4 Deserts Club 회원
앨레스띠어 모리슨

작가의 말

 처음부터 뭔가 대단한 걸 해내겠다고 마음먹은 건 아니었습니다.

 그냥 어디든 가보고 싶었습니다. 무언가를 이겨내기보다, 한 번쯤 나를 믿고 달려보고 싶었습니다. 걷고 뛰다 보니 조금씩 숨이 트였고, 마음도 따라 움직이기 시작했습니다.

 고비 사막 250km 울트라마라톤을 완주했다고 하면 사람들은 말합니다.

 "타고난 체력이 있나 봐요."
 "폐활량이 남다른가요?"

 나는 운동을 특별히 잘했던 사람도, 건강했던 사람도 아닙니다.

 어린 시절부터 병원이 더 익숙했고, 원인을 알 수 없는 고통 속에서 두려움과 체념으로 긴 시간을 견뎌야 했습니다.

 그렇게 아픈 날들이 이어지고 나서야, 내 몸이 흔치 않은 방식으로 스스로를 공격하고 있다는 사실을 알게 되었습니다. 다행히도 10여 년 전, 좋은 의사 선생님들을 만나 조금씩 회복할 수 있었고, 그때부터 여행도 하고 운동도 할 만큼 일상을 되찾았습니다.

놀랍게도, 멈춰 있을 때보다 움직일 때 내 삶이 더 살아나기 시작했습니다. 걷고, 뛰고, 땀 흘리는 순간마다 몸과 마음이 조금씩 회복되었고, 그 길 위에서 나는 진짜 '나'를 다시 만나게 되었습니다.

이 책은 마라톤 완주기의 기록이 아닙니다. '내가 진짜 살아 있음을 느꼈던 여정'을 기록한 이야기입니다. 한계를 넘을 때마다 마주한 기적, 작은 도전을 통해 더 단단해진 나, 그리고 '나를 사랑하는 법'을 담았습니다.

사막을 뛰는 일은 결코 쉽지 않았습니다. 출발을 앞두고, 입시를 앞둔 딸아이가 흘린 눈물 앞에서는 잠시 흔들렸습니다. 딸아이는 말했습니다.

"엄마는 가야 해. 엄마가 포기하면 내가 평생 미안할 것 같아."

그 말이 내 마음을 다시 붙잡아 주었습니다. 나는 끝내 완주했고, 아이들은 공항에 마중 나와 나를 껴안으며 말했습니다.

"엄마, 진짜 멋있었어."

나 혼자만의 여정이 아니었습니다.
힘든 길을 함께 걸어준 사람들이 있었습니다.
멀리서 조용히 응원해 준 이들, 가까이에서 따뜻하게 손을 잡아준 이들, 그리고 늘 곁에서 내 편이 되어준 소중한 이들.
그 따뜻한 마음들이 내 걸음을 이끌어 주었지만, 모래바람에 시야가 흐려지고, 기운이 바닥날 때마다 나는 내 안에서 다시 일어설 힘을 찾아야 했습니다.
마지막 순간까지 나를 일으켜 세운 건, 결국 나 자신이었습니다.
고비마다 멈춰 서고 싶었지만, 그렇게 한 걸음씩 나아가며, 나는 조금씩, 나 자신을 다시 믿게 되었습니다.

누구에게나 각자의 사막이 있습니다. 길이 보이지 않고, 어디로 가야 할지 몰라 멈춰 서게 되는 순간도 있습니다. 방향을 잃고, 발걸음마저 흔들릴지도 모릅니다. 하지만 한 걸음씩 걷다 보면, 당신만의 길을 찾게 될 것입니다. 그리고 그 길 위에서, 당신만의 오아시스도 분명 만나게 될 것입니다.

그 길 끝에서, 나는 비로소 나를 사랑하는 법을 배웠습니다.

사막 마라톤은 끝났지만, 나는 여전히 걷고 있습니다. 더 큰 꿈을 향해, 또 다른 나를 만나러 갑니다.

이 책이 당신의 하루에도 따뜻한 기적이 되어 닿기를 진심으로 바랍니다.

앨레스띠어 추천사	2
작가의 말	10

프롤로그	20

우연, 인연 그리고 기회

함께하는 여행	30
와인 한 잔에서 시작된 바르셀로나로의 초대	38
여행경비 충당법	43
산티아고 순례길, 메리와 앨레스띠어와의 만남	47
순례의 마지막 날	52
돌아보면 모든 것이 하나의 선 위에	56
가족이라는 조력자	59

발목을 잡는 일에서 벗어나라	63
울트라마라톤이란	66
오빠의 선물	73
일기를 쓰며 발견한 삶의 선물	77
함께 걷는 힘, 가족	80

훈련, 고난, 그래도 가야할 길

한계에 도달하다	90
장비와 배낭, 그리고 또 다른 고민	96
스폰서십을 시도하다	100
배낭에 2리터 생수 2병, 딸아이 학원까지 왕복 16km	104
스폰서십 대신 유지성씨	109
몸의 마비 신호	115
훈련의 즐거움	119
앨래스띠어의 코칭	124
배낭꾸리기	129

사막으로 가는 길

몽골, 울란바토르로	134
첫걸음 앞의 긴장	143
바람의 도시, 카라코룸	149
고비의 아침을 맞이하다	151
고비 사막에서의 시작	155
첫 고비를 넘다	161

끝없는 모래의 세계

사막에서 발휘되는 생존 본능	168
유목민의 황야	171
길을 위한 기도	180
끝없는 모래 언덕	186
사막 한가운데서의 허기	192
롱마치	194

한 걸음을 더 내디딜 수 있었던 이유	198
사막에서 우유 한 잔의 갈망	200
뜨거운 콜라	203
오버나이트	205
남편의 마음	211
화장실 규정	217
치킨으로 시작된 인연	220

파이널 라인

초원의 아침	226
오르혼 강 (Orkhon River)	230
물살	239
스위퍼	242
시간이 머문 곳에서	245
85등, 그리고 나만의 목표	252
피자	254

| 한계를 넘으면 보이는 세계 | 260 |

시작점으로

다시 울란바토르로	266
시상식만큼 중요한 일	269
시상식	274
다시 가족에게	276
함께 달린 인연, 다시 서울에서 만나다	280
내가 이토록 강해진 이유	283

| 에필로그 | 286 |

프롤로그

끝없는 모래, 끝없는 고통, 그리고 그 너머

붉게 물든 모래 언덕이 지평선 너머까지 퍼져갔다. 발밑에서 바람을 타고 흐르는 모래는 멈추지 않는 바다의 물결처럼 일렁였다. 바람과 모래, 그리고 빛이 만들어낸 세상은 숨결처럼 가벼웠다. 그 속을 '걸어서' 혹은 '달려서' 가로지른다는 건, 결코 간단치 않았다. 한 걸음 내디딜 때마다 발이 모래 속에 푹푹 빠져 앞으로 제대로 나아갈 수 없었다. 태양은 이글거리고, 뜨거운 바람이 칼날처럼 파고들었다. 목이 마르고 피부는 타들어가는데, 사방 어느 곳에도 그늘 한 점, 쉬어갈 나무 한 그루조차 보이지 않았다. 360도 파노라마로 펼쳐진 지평선, 그야말로 광활함 그 자체였다.

한 걸음 디딜 때마다 맞이하는 공포

숨 막히도록 뜨거운 태양 아래, 모래는 불판처럼 달아올랐고, 그 위를 걷는 것조차 고역이었다. 땀과 소금기로 얼룩진 피부엔 사막의 가시풀이 막 박혔다. 긴 바지를 입었음에도 수없이 긁히고 찔린 상처가 고통을 더했다.

얼마 안 가, '여기서 죽는 건 아닐까?' 하는 공포까지 몰려왔다. 모래 속에 몸을 반쯤 집어삼킨 상태로 지평선을 둘러봐도 사람 하나 보이지 않는다. 정녕 살아서 베이스 캠프로 돌아갈 수 있을까. 내가 여기서 죽으면 이 대회에 날 초대한 이들은 '살인자'의 누명을 쓰게 될지도 모른다.

비상벨, 누를까 말까

내 배낭에 달린 트래커에는 비상벨이 있다. 견딜 수 없는 고통이나 위험에 처했을 때 이 버튼만 누르면 스태프가 구해줄 것이다. 하지만, 이상하게도 누를 수가 없었다. '조금만 더,

조금만 더 견디면… 내가 여기까지 온 걸 생각하면….' 죽을 지언정 누르고 싶지 않았다. 그럼에도 불안감에 자꾸만 시선이 비상벨 쪽으로 돌아갔다. '정말 이러다 쓰러지는 거 아닐까, 평생 누워 있어야 하는 건 아닐까?' 두려움이 머릿속에 휘몰아쳤다.

공포 속에서도 발견한 생명력

해가 타오르고 물 한 방울 없을 것 같은 이곳에도 곳곳에 풀과 가시 덤불이 보였다. 뜨거운 태양 아래에서도 살아남은 식물들의 생명력은, 이 길을 계속 걸어야 한다는 내 발걸음에 분명한 당위성을 부여했다.

"그래, 여기서조차 이렇게 살아가는 존재들이 있구나. 나도 견딜 수 있을지 몰라."

사막과의 싸움만은 아니었다. 나 자신과의 싸움이었다. 포기하고 싶은 순간을 숱하게 지나면서도, 계속 한 걸음씩 내디딜 때마다 사막 너머 새로운 '나'를 마주했다.

그래도, 함께라면

끝없는 사막을 걷다가 저 멀리 NHK 카메라가 내 고통스런 모습을 잡아내려 할 때면, 도망치듯 정신을 차리고 또 한 걸음 나아갔다. 70세 곱추 할머니 비키(Vickie)가 씩씩하게 모래를 헤쳐 나가는 뒷모습이 눈에 들어왔을 땐, 묘하게 용기가 났다.

"저분도 저렇게 해내는데, 나라고 못할까?"

함께 모래사막을 걷고, 좁은 텐트에서 일주일을 지내는 이들은 결국 하나가 될 수밖에 없다. 서로의 고통을 공감하기에, 미워할 이유가 없다. 그들의 고통이 내 고통이었고, 내 고통도 그들과 함께였다. 우리는 서로를 경쟁자로 여기지 않았으며, 개인의 이익을 위해 서로를 적대시할 수 없었다. 어쩌면 울트라마라톤 레이스가 만들어 내는 진정한 가치는 공감, 화합, 그리고 따뜻한 환대에 있는지도 모른다. 먼 타국에서 모인 사람들끼리, 고난을 함께 겪으며 마음을 나누는 시간. 우리는 이렇게 하나가 되었다.

함께 만들어 가는 평화, 그리고 나의 발걸음

뜨거운 모래 위를 걷고 뛰며 250km를 넘어서는 시간, 나는 내 한계를 넘어섰다. 그보다 더 큰 깨달음은, '우리는 결국 함께 가는 존재'라는 사실이었다.

사막에서 혼자서는 결코 살아남을 수 없듯, 인생 역시 혼자 가는 길이 아니다.

어떤 날은 누군가의 작은 응원이 가시풀에 찔린 상처를 견디게 할 만큼 강한 힘이 되어 주었고, 어떤 순간엔 가만히 어깨를 토닥여 주는 작은 손길 하나가 비상벨을 누르고 싶은 유혹에서 나를 살려내기도 했다. 걸을수록 깊이 빠져드는 모래와 타오르는 태양이 내 몸을 망가뜨렸지만, 영혼은 단단해졌고, 사랑은 더욱 깊어졌다.

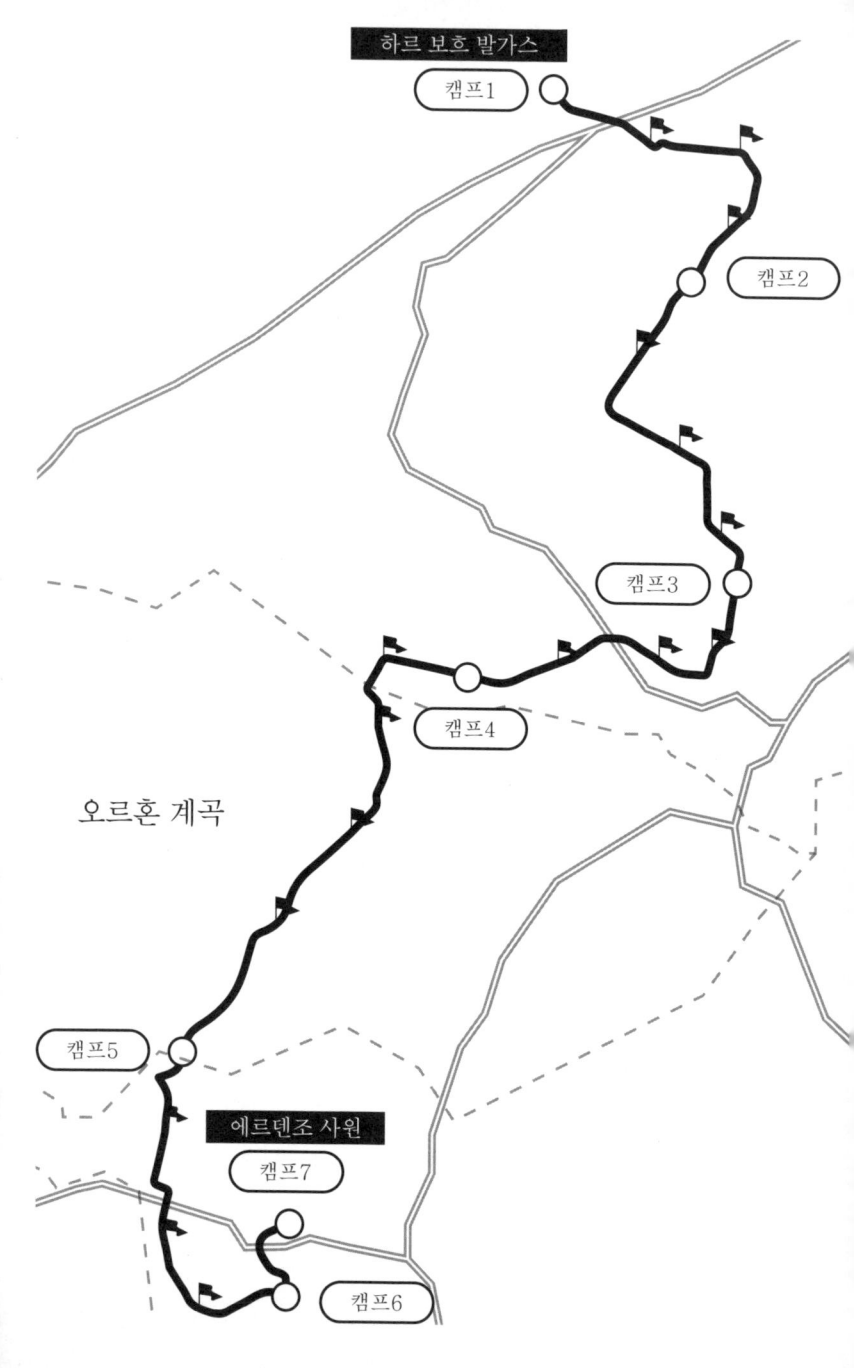

고비 사막 마라톤 코스 정보

마라톤 루트 ━━━

도로 ══════

지역경계 ― ― ― ―

캠프 ◯

체크포인트 ⚑

거리 정보

캠프 1 ~ 2	35km
캠프 2 ~ 3	45km
캠프 3 ~ 4	40km
캠프 4 ~ 5	80km
캠프 5 ~ 6	40km
캠프 6 ~ 7	10km

울란바토르에서 서쪽으로 360킬로 떨어진 하르 보흐 발가스에서 시작해 에르덴조 사원이 있는 캠프 7에서 여정을 마친다.

1장
우연, 인연 그리고 기회

함께하는 여행

코로나 팬데믹이 끝날 즈음, 가족 여행을 계획했다. 가족이 모두 함께 떠나면 좋겠지만, 각자 일정이 달라 시간을 맞추기가 쉽지 않았다. 2023년 12월, 남편과 아들이 먼저 이탈리아를 여행했다. 그리고 아들은 파리로, 남편은 한국으로 향했다. 아들은 파리에 남아 내가 갈 때까지 혼자서 10일을 보내야만 했다. 딸은 입시 준비로 이번 여행만큼은 함께하지 않기로 했다. 나는 업무 일정이 끝나는 대로 파리로 건너가서 아들과 합류하는 방식. 이른바 '따로, 또 같이' 하는 여행이었다.

19살 아들이 파리 호스텔에서 지내게 되었다는 사실에, 처음에는 걱정도 됐다. 파리는 물가가 비싸고 치안도 걱정되는 도시이니까. 아들은 나를 닮아 호기심이 많고, 약간의 '모험심'도 지녔다.

"문제없어, 혼자도 충분히 잘 다닐 수 있어!"

라고 자신감 넘치게 말하더니, 정작 10일 동안은 거의 호스텔 주변을 크게 벗어나지 못했다고 뒤늦게 웃으며 고백했다.
아들은 매일 바뀌는 룸메이트들과 친구가 되어 파리 시내를 함께 돌아다녔다. 여러 나라에서 온 젊은 여행자들과 두런두런 수다를 떨며, 사진도 찍어 주고, 또 얻어먹기도 하면서 영어에 대한 자신감도 생겼다고 했다.

"내 방엔 유독 예쁜 여자 룸메이트가 많았어!"

우쭐해 하는 모습이 왠지 귀여웠다.
나는 아들이 묵는 호스텔이 노트르담 대성당 1km 반경이라 괜찮겠지 싶었다. 그런데, 택시기사는 아들에게 그 일대가 파리에서도 치안이 꽤 안 좋은 편에 속한다고 알려주었다. 다행히도 아들은 아무 일 없이 10일을 보냈다.

밤 늦게 돌아다녔지만 큰 문제가 없었다는 사실에 가슴을 쓸어내렸다.

아들은 낯선 도시에 머무는 동안, 한국 밥이 몹시 그리웠다. 한국음식이 너무 먹고 싶어 3일치 밥값을 모아 순두부찌개 한 그릇과 달걀 프라이를 사 먹었다고 했다.

"남은 이틀은 굶었지만 후회는 없어!"

라는 말이 왠지 짠하기도 하고 기특하기도 했다.

한편, 나는 직장에서 새로운 사업이 시작되어 12월부터 1월 초까지 상당히 바빴다. 원래 잡아둔 출발 날짜에 맞춰 갈 수 없어서, 항공권 변경 수수료 40만 원을 지불하고 겨우 일정을 조정했다.

러시아 영공을 우회해야 하는 탓에 인천에서 파리까지 비행시간이 14시간이나 걸렸다. 장시간 비행에 몸은 몹시 피곤했지만, 샤를 드골 공항에서 바짝 마른 아들을 만나자마자 내 몸의 피곤함 따위는 완전히 잊어버렸다.

호스텔 이야기를 마저 듣고, 내가 가져간 작은 전기밥솥으로 하얀 쌀밥을 지어 주었더니 아들이 얼마나 맛있게 먹던지…

비좁은 호텔방 통로를 왔다 갔다 하며 밥을 짓는 모습이 우스꽝스러워도, "엄마, 이렇게 한국 밥 먹으니까 너무 행복해!"라는 말에 피로가 스르르 풀렸다. 역시 우리 모자는 밥심으로 산다.

여행 다닐 때마다 작은 밥솥을 챙기는 건 내 습관이다. 현지 음식도 맛있지만, 늘 사 먹으면 비용이 많이 들고, 입맛에 맞지 않아 고생할 때도 있다. 2만 원짜리 밥솥이라지만, 해외에서는 활용 가치가 매우 크다. 마트에서 파프리카 하나, 감자 두 알만 사 와도 밥 지을 때 같이 넣어 먹으면 근사한 한 끼가 된다. 파리 물가는 커피 한 잔이 5유로, 밥 한 끼가 20유로씩 하는 판이니, 갓 지은 쌀밥과 김, 볶은 김치 파우치 하나만으로도 훌륭한 식사가 된다.

게다가 파리 마트엔 의외로 아프리카산 과일이 많았고, 노르웨이산 연어도 저렴하게 소량 포장으로 팔고 있었다. 아들이 특히 연어를 좋아해서, 밥솥에서 방금 지은 밥과 생연어를 곁들이니 오히려 레스토랑 못지않게 만족스러워했다. "호텔

방에 쪼그리고 앉아 먹는 밥이 더 맛있다니까."

라고 아들은 애교를 섞어 한마디 거들었다.

도착 며칠 뒤, 도무지 움직일 수 없을 정도로 아파서 호텔 방에서 3일간 누워 있어야 했다. 파리까지 와서 이렇게 아플 거라곤 상상도 못 했기에, 여행의 설렘은커녕 감흥도 없이 객실에 갇힌 신세가 됐다. 억울하기도 했지만, 그저 시간이 흘러 빨리 회복되기만을 바랄 수밖에 없었다. 그 와중에 파리의 길거리 풍경은 아들에게서 전해 들었다. "노숙자가 생각보다 많더라."

골목마다 똥이 많아 어쩐 일인가 싶었더니, 실제로 사람들이 길에서 용변을 본다는 이야기였다. 추운 겨울인데도 인도 곳곳에 노숙자들이 상자를 깔고 자고, 다음 날이면 그 상자가 갈기갈기 찢겨 나가고... 파리가 늘 화려하고 아름답기만 한 곳은 아니었다.

산티아고 순례, 그리고 각자의 계획

사실 우리의 최종 목적지는 스페인의 '산티아고 순례길'이었다. 파리는 그저 스페인으로 넘어가기 위한 경유지였다. 남편과 아들은 이탈리아를 여행한 뒤, 함께 파리로 이동했다. 남편은 파리에 도착하자마자 곧바로 한국으로 돌아왔고, 아들은 "낭만의 도시 파리를 더 느껴 보고 싶다."며 내가 도착할 때까지 10일간 혼자 머물기로 한 셈이다. 나는 아들과 함께 산티아고로 갈 예정이었다. 하지만 내 몸 상태가 안 좋아서 구체적인 일정을 짤 새도 없었다.

"왜 길을 걸어야 하지? 난 차를 타고 편하게 다니고 싶은데."

우리의 생각이 서로 달랐다. 나는 당연히 함께 순례길을 걷는다고 믿었고, 아들은 편한 방식을 찾고 싶어 했다. 그런 상태로 둘 다 대화도 제대로 못 해 본 채 파리까지 흘러온 셈이다.

아들이 호텔 근처에서 '부용 샤르티에'라는 전통 식당을 찾아냈다. 운 좋게도 긴 대기 없이 자리를 잡았는데, 식당은 몹시 북적거렸다. 사람들이 다닥다닥 붙어 앉아 시끌벅적 떠들고, 우리는 그 분위기에 자연스레 녹아들었다.

나와 아들은 스테이크를 시켰다. 옆 테이블에서 병째로 와인을 주문하는 걸 보고 "우리도 한 병 시켜 볼까?" 하며 동참했다. 와인 한병에 9.9유로라니, 믿기지 않을 정도로 가격이 괜찮았다. 옆자리 노부부에게 와인 한 잔씩 권했더니 우리의 여행에 대해 궁금해했다. 우리가 다음 목적지를 스페인이라고 하자 바르셀로나를 적극 추천해 주었다. 노부부는 와이파이도 잘 안 되는 탓에 스마트폰을 이리저리 움직여 안테나 신호를 따라가며, 가우디 건축물—카사 바트요, 카사 밀라, 사그라다 파밀리아—등을 찾아 지도에 표시해 주고, 냅킨에 꼼꼼히 적어 건네줬다. 그들이 권하는 대로 우리도

"바르셀로나가 좋겠네!"

라며 비행기 표를 예약해 버렸다. '가우디'의 이름조차 생소할 만큼 준비가 없었다. 흔히 '여행은 즉흥'이라고들 하지만, 이 정도로 아무 계획 없이 흘러가도 되나 싶을 만큼 우습고도 즐거운 순간이었다.

이제 파리는 마무리되고, 다음 무대는 바르셀로나, 그리고 아마도 산티아고 순례길. 나와 아들은 여전히 서로 다른 플랜을 머릿속에 품고 있지만, '함께 떠났다'는 사실만으로도 충

분히 의미가 있었다.

나는 오래전부터 사람 사는 모습에 관심이 많았고, 여행이란 관광지가 아닌 일상의 틈새에서 그 나라의 문화를 느껴 보는 것이라고 여겨 왔다. 울고 웃는 이 인연들도, 노부부의 작은 친절도, 파리 길거리에 넘치는 똥까지도, 모든 것이 '진짜 삶'이었다.

우리 가족 여행은 이렇게 '따로, 또 같이' 이어진다. 누군가는 10일 동안 파리에서 호스텔 살이를 했고, 누군가는 중간에 떠나고, 누군가는 뒤늦게 합류했다. 그럼에도 결국 한자리에 모여 웃고, 서로를 위해 밥을 차리고, 필요하면 무계획으로 비행기도 잡아 버린다. 자유분방함, 우리 가족이 추구하는 여행의 즐거움이다. '이렇게 해야 한다'는 규칙없이, 느슨하고 여유있게 다니다보니 해프닝도 자주 생긴다.

우리가 스페인 어느 길 위를 걷게 될지 아직 아무도 모른다. '함께라면 어떤 상황도 이야기가 된다.'는 믿음이 있다.

이 여행이 끝나면, 우리 가족은 또 다른 길을 향해 흩어질지도 모르지만, 끝내 '함께하는 여행'으로 이어질 것이다.

우연, 인연 그리고 기회

와인 한 잔에서 시작된
바르셀로나로의 초대

'부용 샤르티에' 식당에서 만난 노부부와, 와인 한 잔을 기울이며 나눴던 대화가 결심의 계기가 됐다. 우리는 일정에 없던 바르셀로나행 비행기를 충동적으로 예약했다.

'이렇게 갑자기 가도 괜찮을까?'라는 생각이 들긴 했지만, 여행이라는 게 원래 그렇잖은가. 계획 없이 떠난 곳이 오히려 놀라운 선물을 줄 때가 많으니까.

바르셀로나에 오자마자, 가장 먼저 가우디의 건축물을 만났다. 머릿속으로는 '독특하겠지.' 정도로만 예상했는데, 실제로 본 카사 바트요부터 완전히 뒤통수를 얻어맞은 기분이었다. 해골 모양의 발코니는 기이했고, 곡선으로만 이루어진 느슨한 라인들은 주변과 섞이지 않고, 독특한 아름다움을 내비쳤다. 이런 창의적인, 희한한 건축물을 디자인할 수 있겠다고 생각은 했지만, 막상 눈앞에 펼쳐지니 '이런 집을 지어내다니, 세상에 이런 일이….'라는 감탄이 절로 나왔다. 가우디만 대단한 게 아니라, 그 건물을 지으려던 집주인 '바트요'도 정말 대단한 괴짜였을 것 같았다.

거기에 비하면 사그라다 파밀리아 대성당은 마치 지상에 선포된 신의 영역이었다. 1882년 착공 이래 아직도 공사가 진행 중이고, 드릴의 큰 소음에 성당 내부가 쿵쿵 울려 퍼지는 중이었는데도, 그 경건함은 전혀 사라지지 않았다. 스테인드글라스를 통해 쏟아져 들어오는 빛 앞에, 둘 다 숨죽인 채 그대로 서 있었다.

"사진으론 절대 담을 수 없어."

라는 말을 서로 주고받았다. "정말 밥을 안 먹어도 배불러지는 풍경이 있구나."

나도 모르게 이렇게 중얼거리자, 아들은 피식 웃었다. 태양의 각도에 따라 달라지는 색채와 위로 곧게 뻗은 기둥들은 마치 고요한 숲의 나무들 같았다. 나는 찬란한 햇살이 스며든 숲 속 한가운데에 서 있는 듯 했다. 설명할 수 없는 평온함과 벅참이 밀려왔고, 당장 이 도시에 살고 싶다는 생각마저 들었다.

갈림길

아들은 이미 한 달 가까운 여행으로 많이 지친 듯했다. 설렘이 시들해진 뒤에는 "이젠 좀 집에 가고 싶다."는 말을 자꾸 꺼냈다. 게다가 내가 "산티아고 순례길을 함께 걷자."고 권유하자, 아들은 "함께 걸으면 엄마 여행 망칠 것 같다."며 사실상 거절 의사를 밝혔다.

솔직히 이해는 됐다. 19살의 젊은 아들은 친구들과 어울려 노는 즐거움이 크고, 낯선 도시에서의 외로움은 점점 커지는 법이니까. 결국 아들에게 "그럼 한국 돌아갈 표를 알아봐라."고 했다. 아들은 그날 밤 기쁜 목소리로 "바르셀로나에서 인천 직항 표가 딱 하나 남았어!"라며 환하게 웃었다.

  그렇게 아들은 집으로 돌아가 아빠도 챙기고, 친구들도 만나고, 다시 일상으로 복귀하기로 했다. 아들을 바르셀로나 공항에 데려다주고 호텔로 돌아왔다. 객실 문을 닫자마자 쓸쓸함이 밀려왔다.

"이제 정말 혼자구나."

  다음 날 새벽, 나는 산티아고 데 콤포스텔라행 저가 항공 비행기에 올랐다. 표는 저렴했지만 수하물 운송료가 항공권보다 비쌌다. 예매해둔 아들 표와 추가로 낸 수하물 운송료는 환불되지 않았다. 아깝긴 해도 어쩔 수 없다고 스스로 달래며, 이번 여행이 내게 줄 또 다른 선물을 기대하기로 했다.

  말만하면 아들이 뚝딱뚝딱 정보를 찾아주던 날이 떠올랐다. 혼자라는 게 조금 두렵기는 했지만, 동시에 설렜다. 산티아고 순례길을 어떻게, 어느 구간부터 걷게 될지… 순례길의 시작조차 막막했지만, 그 자체가 여행의 재미 아니겠나. 무계획 속에서 발견하게 될 장면들, 사람들, 그리고 내가 몰랐던 내 모습까지….

떠나기 전날 밤, 아들과 함께했던 순간들이 하나씩 스쳤다. 생각해보면 이번 바르셀로나행도 파리 식당에서 우연히 만난 노부부의 추천이 계기가 됐고, 그 덕분에 예상치 못한 감동을 맛보았다. 여행이란, 이렇게 작고 우연한 인연들이 모여 한 번도 상상조차 못 했던 세계로 우리를 이끈다. 함께였지만, 아들은 아들대로, 나는 나대로… 결국엔 각자의 길을 따라 걸어갔다.

완전히 헤어지는 건 아니다. 잠시 각자의 길을 걷다가, 다시 만나 또 다른 이야기를 나눌 것이다. 이제 산티아고 순례길로 향하는 여정만이 남았다. 익숙한 이 하나 없이, 모든 결정을 온전히 스스로 감당해야 하는 진짜 '혼자만의 여행'이다. 언제나 불안 뒤엔 두근거림이 있다.

"그래, 어쩌면 아들이 내게 준 최고의 선물이 이 시간이겠지."

여행경비 충당법

 여행을 결심할 때 가장 크게 고민했던 건 경제적인 부분이었다. 가족이 함께 긴 시간을 떠돌다 보면, 적어도 숙박·교통비는 들 수밖에 없고, 거기에 식비까지 더해지면 부담이 커진다. 그래서 우리는 외식비를 거의 쓰지 않았다. 고급 레스토랑에 가는 대신, 작은 밥솥과 간단한 식재료를 챙겨가서 직접 해 먹는 식이었다. 외식비만 줄여도 여행 경비는 눈에 띄게 줄었다.

 그리고 또 하나, 평소에 아이들을 학원에 보내지 않은 것—

이 선택 역시 여행을 지속할 수 있었던 큰 이유였다. 사교육비가 상당히 큰 부담일 수 있으니까. 사실 나는 늘 '굳이 학원 안 다녀도 좋다'는 쪽이었고, 그러다 보니 우리는 사교육비 대신 아이들과 함께 더 넓은 세상을 경험하는 길을 택했다.

사교육 대신 여행…, 정말 괜찮을까?

물론, 내 결정이 언제나 환영받았던 건 아니다. 딸아이가 중학교에 들어가 영어 시험을 준비하며 "왜 어릴 적에 나를 영어 학원에 보내지 않았어?"라고 원망스레 묻던 순간, 솔직히 흔들리지 않을 수 없었다. 아이가 다닌 병설유치원은 매일 마시는 우유값도 졸업 앨범비도 무상으로 제공되었고, 학원비 같은 사교육 비용이 없으니 우리 생활은 다소 여유로웠다. 하지만 딸아이는 한 달 넘게 공부해도 따라가기 힘들다며 울먹였고, 아이의 걱정 앞에서 괜스레 미안해지기도 했다. 나는 사교육에 대해 부정적으로만 생각하지 않는다. 성적을 유지하는 데 분명 도움이 될 수 있고, 때론 아이의 자존감을 지켜주기도 한다. 이는 선택의 문제다.

내가 사교육 대신 여행을 택한 건, 아이들이 교실이나 학원 바깥에서 만나게 될 무궁무진한 세계를 더 소중히 여겼기 때문이다. 물론 아이들 성적표를 볼 때마다 '혹시 내가 잘못된 선택을 한 건 아닐까?' 하는 불안감, 후회 섞인 걱정도 있었다.

하지만 나는 우리의 선택이 꽤나 괜찮았다고 평가한다. 집을 떠나 새로운 환경에서 가족과 함께 보내는 시간은 사교육의 효과만큼, 아니 더 값지다. 여행이라는 우연이 삶속에 끼어들어와 가족의 사랑에 활력을 불어 넣어준다. 우리 가족이 택한 여행은 산티아고 순례길로 나를 이끌었고, 이어서 고비사막 250km라는 도전까지 끌어안게 됐다. 이젠 한 발 더 나아가 우리 가족 모두가 사막 마라톤에 함께 나서는 꿈을 꾸고 있다. 처음에는 '대체 왜 저런 고생을 사서 할까' 싶어 했던 우리 아이들도, 이제는 같은 방향을 바라보며 조금씩 가족이라는 팀으로 단단해지는 중이다.

사춘기를 막 지난 아들이 어느 날 내게 말하길,

"엄마가 우리 엄마인 게 너무 좋아. 엄마가 자랑스러워."

딸아이는 한 술 더 떠서,

"엄마는 내가 본 사람 중 제일 행복한 사람 같아. 나도 엄마처럼 살고 싶어."

그리고 남편은 내가 고비 사막 250km 완주하는 과정을 옆에서 지켜보며,

"엄마가 정말 자랑스럽다. 너희도 엄마처럼 멋지게 살아라."

하고 아이들에게 말하곤 했다.

남편은 내가 달던 배번호 10번과 완주 메달을 우리 집 현관 안쪽, 가장 잘 보이는 곳에 걸어 두었다. 아마 우리가 걸어온 길이 결코 잘못되지 않았다는 걸 스스로와 아이들에게 확인시켜 주고 싶었기 때문일 것이다. 사교육 대신 여행을 택한 삶이, 적어도 우리 가족에게는 꽤 괜찮은 선택이었으니까.

산티아고 순례길,
메리와 앨레스띠어와의 만남

　산티아고 순례길을 스페인어를 전혀 모른 채 떠났다. 영어마저 통하지 않는 경우가 많아, 나는 몸짓과 스마트폰 번역기에 의존했다. 1월, 산티아고 순례길은 비수기라서인지, 대부분의 알베르게(순례자 숙소)가 문을 닫았다. 그 덕분에 길 위에서 만난 순례자들을 같은 알베르게에서 다시 만나고, 식당 옆자리에서 또 마주치곤 했다. 반복되는 만남 끝에 말이 통하지 않지만, 서로 자연스럽게 친구가 되었다.

순례길 3일 차, 저 멀리서 마치 미국인처럼 보이는 한 부부가 함께 걷고 있었다. 반가운 마음에 먼저 다가가 말을 걸었다. 사실 그동안 순례길에서 '영어가 통하는 사람'을 찾기란 쉽지 않았기에, 그들의 모습이 더욱 반가웠다. 그녀는 환한 미소로

"안녕하세요!"

하고 인사를 건넸다. 얘기를 나누다 보니, 이름은 메리(Mary), 그녀는 한국에서 3년 동안 삼성 회장실 전략팀에서 근무했다고 말했다. 한국에 대해 꽤 잘 알고 있었고, 한국말도 조금 할 줄 알았다.

메리는 앞서가던 그녀의 남편에게 나를 소개해 주었다. 그의 이름은 앨레스띠어(Alasdair)였다. 스코틀랜드 출신이라고 했다. 나와 반갑게 인사를 나눈 뒤, 마치 구름이라도 탄 듯 순례길 저편으로 경쾌하게 사라졌다. '저 부부는 체력도 장난 아니네…' 슬며시 감탄했다. 떠나가는 뒷모습마저 빛이 났다. 마치 이 길 위를 걷는 천사처럼 말이다.

조금 걷다가 나는 삼거리 갈림길에서 길을 헤맸다. 구석진

곳에 순례길 표지석이 숨어 있어, 방향을 찾기 어려웠다. 다행히 순례길 골목으로 접어들었는데, 저 멀리 메리 부부가 순례길이 아닌 다른 방향으로 걸어가고 있었다. 길을 잘못 든 듯했다. 나는 큰 소리로 외쳤다.

"그쪽 아니에요! 이쪽이에요!"

그들은 내 목소리를 들었는지 돌아왔고, 다시 한 번 고맙다는 인사를 하며 스쳐 지나갔다. 웃는 얼굴이 참 인상적이었다.
다음 날, 우리는 다시 만났다. 순례길은 한 갈래라서 출발 시간이 비슷하면 어떻게든 마주치게 된다. 그날 나는 발가락에 물집이 잡혀 절뚝거리고 있었는데, 메리의 남편 앨레스띠어가 걱정스러운 표정으로 물었다.

"이 상태로 숙소까지 갈 수 있겠어요?"
"문제없어요!"

쿨한척 괜찮다고 답했지만, 너무 아팠다. 남은 길을 거의 기어 가듯이 걸어야 했고, 고통을 잊으려 애써도 쉽지 않았다. 그래도 그 따뜻한 관심이 위로가 됐는지, 결국 숙소까지 한 걸음씩 옮길 수 있었다. '아프면 아픈 대로, 그래도 걸어가는 게 순례길이다.'라고 스스로 되뇌었다.

최종 목적지인 산티아고 데 콤포스텔라 대성당이 10km 앞으로 다가온 날, 지친 발걸음 사이로 미묘한 설렘이 밀려왔다. '드디어 여기까지 왔구나.' 하는 감동에 젖어 걷는데, 저 멀리서 메리와 앨레스띠어가 눈에 띄었다.

앨레스띠어가 환한 미소로 말했다.

"드디어 순례길 마지막 날이네! 오늘 밤, 파티하자! 네 스페인 친구들도 모두 데리고 와!"

우연, 인연 그리고 기회

순례의 마지막 날

그들은 대성당 앞쪽의 비싼 호텔에 묵는다고 했다. '아, 저런 호화로운 곳에서 묵다니… 부럽다.' 싶었지만, 정작 앨레스띠어는 아무렇지 않게

"저녁 7시에 호텔 로비에서 만나자!"

고 했다. 마치 오래 알고 지낸 친구처럼 자연스레 초대해 주었다. 나는 그 제안을 정말 받아들이고 싶었다. 하지만 스

페인 친구들에게 말해 보니, 다들 '그 호텔은 엄청 비싸. 부담된다.'고 손사래를 쳤다. 나 역시 '처음 만난 사람한테 신세지긴 좀 미안하지 않나…' 싶기도 했다. 순례길에서 만난, 나의 가장 친한 스페인 친구 짜리(Zary)에게 '밥값은 내가 낼게, 같이 가자!' 했지만, 그녀도 고개를 저었다.

결국, 혼자 가기로 마음먹었다. 사실, 애초에 이 파티 초대가 진짜인지 반은 의심했지만, '가 보지 않고 어찌 알랴.' 싶었다. 설령 헛걸음이라도 괜찮았다.

로비에서의 기쁨

약속 시간 20분 전, 호텔 로비 근처로 갔다. '약속 장소가 여기가 맞나?' 싶어 조심스레 내부를 살피는데, 문득 정문 앞에서 누군가 나를 향해 크게 손을 흔들고 있었다. 앨레스띠어와 메리였다. 그 순간, 온 세상이 선명해졌다.

"아, 이건 진짜 초대였구나. 내가 초대받은 손님이 맞구나."

그날 밤, 인생에서 가장 근사한 호텔 식당에서, 소중한 사람들과 특별한 저녁 식사를 함께했다. 그동안 땀 범벅이 된 옷

차림으로 순례자 메뉴(메뉴 델 디아)를 먹던 날들과는 전혀 다른 풍경이다. 앨레스띠어와 메리는 내게 말했다.

"뭐든 먹고 싶은 걸 시키세요."

우리는 우아한 분위기 속에서 식사하며 이야기를 나눴다. 물론 영어가 완벽하지 않아, 중간중간 멋쩍기도 했지만, 부부는 오히려 편하게 대해 줬다. '이건 영화의 한 장면일지도 몰라.' 산티아고 순례길이 끝나가는 밤, 생각지도 못한 호사를 누리는 중이라니.

모든 건 우연이었다. 그 우연은 운명처럼 마주한 인연의 시작이었다. 길 위에서 길을 헤매던 두 사람을 내가 불러 세운 것도, 그들이 내 아픈 발을 걱정해 준 것도, 마지막 날 다시 만나 파티에 초대받은 것도. 만약 내가 조금만 덜 용기를 냈다면, 아마 이 특별한 저녁 식사는 없었을 거다. 우연은 인연이 되었다.

산티아고 순례길엔 수많은 이야기가 교차한다. 그중 메리와 앨레스띠어를 만난 그 순간들이 가장 빛났다. 그들은 천사가 아니라 평범한 사람들이었지만, 순례길에선 종종 그런 '평범한 천사들'을 마주치게 된다.

그날 밤, 그들은 내게 '사막 마라톤'이라는 낯설지만 신비롭고 매력적인 세계에 대한 이야기를 들려주었다. 가족여행은 스페인 순례길 여행으로, 순례길에서의 만남은 고비 사막 250km로 이어졌다. 모든 게 우연처럼 보이지만, 어쩌면 그 우연이 내 인생을 흔드는 새로운 전환점이었으리라. 그저 걷다가, 길을 헤매는 모습을 본 우연, 그 작은 순간의 교감이 이렇게까지 큰 길을 열 줄 누가 알았겠나.

'세상은 우연과 우연이 만나는 무수한 교차점이고, 각자의 선택에 의해 그 교차점은 필연이 된다.'

돌아보면 모든 것이 하나의 선 위에

'계획하지 않은 우연이 오히려 삶의 가장 큰 원동력이 될 때가 있다.' 아들은 바르셀로나에서 먼저 비행기를 변경해 집으로 돌아갔다. 함께 산티아고 순례길을 걷기로 했던 계획은 결국 나 혼자의 여정으로 남았다. 처음엔 서운한 마음이 컸다. 긴 여행에 지쳐 집으로 돌아가겠다는 아들의 선택을 충분히 이해하면서도, '왜 나를 남겨 두고 떠나지?' 하는 생각에 마음 한구석이 못내 쓸쓸했다. 혼자 걷는 순례길이 막막하게 느껴졌고, 혼자라는 사실 자체가 두려웠다. 그러나 결국, 그 모든 것이 아들이 내게 준 가장 큰 선물이었다.

아들은 나를 '배신(?)'했다기보다, 오히려 나의 삶에 새로운 가능성을 열어주었다. 덕분에 나는 순례길에서 더 많은 사람들을 만날 수 있었고, 그중에서도 앨레스띠어와 메리 부부를 만난 것은 운명이었다.

순례길 마지막 날 앨레스띠어의 초대로 우리는 함께 저녁 식사를 하게 되었다. 이야기를 나누다 보니 메리가 운영하는 '사막 마라톤 대회'가 있다는 사실을 알게 되었다. 앨레스띠어는 '너도 충분히 할 수 있다.'고 독려했다. 그날 밤 내가 흘려 들었던 이야기가, 훗날 고비 사막 250km 레이스로 이어질 줄은 전혀 예상하지 못했다. 우연은 삶의 새로운 원동력이 된다. '설마 내가 진짜 250km를 달리고 걸어 낼까?' 전혀 가늠할 수 없었지만, 이상하게 두근거렸다. 마치 산티아고 순례길에 처음 발을 내디딜 때처럼….

내가 아들의 '먼저 귀국'을 끝까지 반대하고 내 옆에 잡아두었다면 어땠을까? 아들은 늘 나에게 "엄마의 인생은 진짜 드라마 같다."고 말한다. 누구에게나 우연한 기회가 오고, 누구나 그 문턱 앞에서 머뭇거리기 마련이다. 다만, 그때 "그래, 한번 해 보지 뭐!" 하고 선택하느냐, 아니면 "난 못 해" 하고 문을 닫느냐의 차이 아닐까. 나 역시 "못 할 거야"라고 생각했다면, 오늘의 내가 없었을 테다.

사람은 서로 다른 시간을 건너며, 어찌 보면 각자의 이유로 각자의 선택을 한다. 그렇지만 그 조합이 묘하게 맞아떨어질 때, 인생은 상상도 못 한 방향으로 흐르기도 한다. 처음에는 터무니 없다고 생각한 앨레스띠어의 제안으로, 나는 마침내 고비 사막 250km 레이스에 도전할 준비를 했다.

가족이라는 조력자

나는 멈추지 않는 사람이다. 누군가는 추진력이 대단하다고 말하지만, 그건 신중함이 부족하다는 뜻이기도 하다. 좋은 아이디어가 떠오르면 깊이 생각하기보다 일단 저지른다. 물론, 이런 성격 덕분에 내 인생은 꽤 다이내믹하고 종종 "너 진짜 재밌게 산다!"는 부러운 시선을 받는다. 하지만 그 뒤에는 늘 남편이 서 있었다.

올해로 결혼 22년 차에 접어들었다. 남편은 종종 웃으며 말한다.

"우리 결혼 20년 동안 심심할 틈이 없었어. 권태기를 느낄 여유도 없이 살았다니까."

애정과 체념이 섞여 있는 말이다. 나야 하고 싶은 게 너무 많아서 일을 벌여 놓는데, 그걸 뒤에서 맞춰 주는 건 남편 몫이었으니까. 나의 인생은 정말 바람 잘 날 없는 날들의 연속이었다. 그 속에서 남편은 늘 묵묵히 '뒷정리 대장'을 자처했고, 아이들은 그 곁에서 엄마의 도전을 응원했다.

하고 싶은 일을 한다는 이유로 회의적인 시선도 받고, 현실적인 문제도 마주했다. 스스로 지칠 때도 많았다. 뭔가를 시작해 놓고서 감당이 안 되어 눈물을 흘린 적도 많다. 그럴 때마다 남편은

"이제 좀 천천히 살아 보면 어때?"

라고 말하지만, 내가 또 다른 욕심으로 새로운 길을 찾아 떠나더라도 기꺼이 돕는 손길이 되어 준다. 가족이라는 조력자가 있었기에 쉬운 포기를 택하지 않았다. 지금껏 '시도하지 않으면 변화는 없다'는 신념으로 살았고, 남편은 그 믿음 뒤에서 조용히 안전 그물이 되어 주었다.

이번 고비 사막 레이스도 그랬다. 메리가 소개한 사막 마라톤('RacingThePlanet') 사이트를 제대로 읽지도 않고

"좋아, 고비 사막에 가면 되겠다!"

하고 3개월밖에 남지 않은 레이스에 덜컥 등록했다. '남편이 함께 가서 매니저처럼 나를 서포트해 주면 되겠지.' 하는 막연한 생각이었다.

그런데 신청을 완료하고 나서야, 사막 한가운데에는 아무것도 없다는 사실을 알게 되었다. 경기 중에야 캠프에서 텐트가 제공되지만, 외부인은 접근도 어려운 곳이 많고, 경기 장소는 울란바토르에서 360km 떨어져 있는 상상 이상의 험난한 환경이었다. 남편이 근처 호텔에 묵으며 나를 도와줄 수 있을 거라는 막연한 기대가 무너졌다. '나 혼자 간다고? 250km나 된다고?' 두려움이 엄습했다.

다시 홈페이지를 찬찬히 들여다봤다. '봉사자(volunteer) 제도'를 발견했다. 그 순간, 한 줄기 희망이 비쳤다. 사실 사막 레이스를 나간다고 하니 남편도 걱정이 많았다.

"우리 아들딸은 입시 준비로 바쁘고, 마라톤에 참여하려면 오래 준비해야하지 않을까?"

하지만 이미 난 행동으로 옮긴 뒤였다. 대회에 등록해 버렸고, 남편에게 같이 가 달라고 말할 수밖에 없었다. 봉사자 제도가 있어, 남편이 봉사자로 참여하면 경기 운영진과 함께 사막 캠프에 있을 수 있고, 틈틈이 내가 위험하지 않도록 살펴봐 줄 수도 있으니…, 그도 큰 마음을 먹고 참여를 결심했다. 나는 속으로 '내 남편 최고다. 늘 이렇게 내 곁에서…' 하고 생각했다. 힘들어하면서도 힘을 보태 주는 건 결국 가족이라는 울타리 덕분이니까.

어떤 사람들은 "너희 부부 진짜 대단하다. 남편이 어떻게 봉사자로까지 따라 나서?"라며 놀란다. 하지만 생각해 보면 가족이기에 서로의 '무모함'을 지지하고, 걱정이 앞서더라도 뒤를 지켜주는 것 아닐까. 난 언제까지나 무모할 것이고, 남편은 아마 "이번엔 또 뭘 저질렀어?" 하면서도 결국 함께 걸어 줄 것이다. 그게 우리 부부만의, 그리고 우리 가족만의 방식이다. 그래서 고맙고, 또 고맙다. 어떤 모험의 순간도 혼자였던 적은 없었다.

발목을 잡는 일에서 벗어나라

대학 입시를 앞 둔 딸아이는 시험에 대한 불안이 점점 커졌다. 고비 사막 레이스 출발이 얼마 남지 않았을 무렵, 딸아이는 스트레스가 한계에 다다른 듯 보였다. 어느 날은 결국 대성통곡을 하며 울고 말았다.

"엄마, 지금 너무 힘든데, 아빠라도 내 곁에 있어 주면 안 돼? 왜 엄마는 아빠까지 데리고 가버려?"

그 순간, 내 마음이 크게 흔들렸다. '정말 떠나도 괜찮을까? 딸의 인생에서 가장 중요한 순간 인데 내가 일을 벌였나?'

옆에서 지켜보던 아들은 의외로 태연했다.

"엄마 하고 싶은 거 해야지. 왜 우리 때문에 엄마가 하고 싶은 걸 포기해?"

아들의 말은 담담했지만, 묘하게 힘이 되었다. 딸아이는 한참 울다 내가 준비해 온 과정을 떠올렸는지 눈물을 닦으며 말했다.

"엄마가 지금까지 얼마나 열심히 준비했는데… 여기서 내가 잡아두면 평생 죄책감에 시달릴 것 같아. 엄마는 가야 해. 내가 잘 버텨 볼게."

그 말이 고마우면서도 미안했다. 한창 입시로 힘들어하는 딸을 두고 떠나는 엄마라니. 그래도 딸이 "엄마가 없는 이 시간을 잘 견뎌볼게. 꼭 완주하고 와."라고 응원해 주는 게 눈물 나게 고마웠다.

인간의 자유로운 선택에는 분명 지불해야할 것들이 있다. 내 경우 그것은 가족의 희생이었다. 발이 떨어지지 않았던 이유도, '엄마로서 너무 내 욕심만 챙기려는 건 아닐까?' 하는 걱정과 '혹시 내 꿈 때문에 가족이 상처받지는 않을까?' 하는 죄책감 때문이었다. 사회가 엄마에게 요구하는 덕목들도 있으니 부담이 된 것은 사실이다.

언젠가 읽었던 책의 한 구절이 떠올랐다.

"엄마는 꿈이 뭐야?"

아이들이 다 자라고, 엄마도 어느덧 지긋한 나이가 된 후에야 건넨 질문이었다. 딸은 오랜 시간 자신을 위해 희생해 온 엄마에게 뒤늦은 미안함을 느꼈다. 엄마를 사랑한다고 말했지만, 그 사랑 속에 '엄마의 꿈'은 없었다는 사실을 늦게서야 깨닫고 후회하며 써 내려간 글이었다.

나는 그런 짐을 우리 아이들에게 지우고 싶지 않았다. 오히려, 내가 온전히 '나 자신'이 될 때 아이들도 '엄마의 희생'이라는 무게에서 조금씩 벗어나 자유로워질 수 있으리라 믿었다. 사랑하기 때문에 희생하기도 하지만, 진짜 사랑하기 때문에 나의 '나 됨'을 보여주고 싶었다.

내가 나 자신이 되어갈 때, 우리 가족은 점점 더 가벼워졌다.

울트라마라톤이란

마라톤은 전 세계적으로 42.195km(26.2마일)로 정해져 있다. 울트라마라톤(ultramarathon)은 이 거리를 훨씬 넘어서는 대회를 말한다. 50km, 100km, 혹은 100마일(160km) 이상도 있고, 때로는 250km가 넘는 초장거리 코스도 있다. 단순히 '긴 마라톤'이 아니다. 고산지대, 숲, 사막, 설원 등 극한의 지형을 통과하며, 코스 자체도 훨씬 더 복잡해 강한 도전 정신을 요구한다. 때로는 우리가 꿈에도 가보지 못할 미지의 땅을 가로지른다. 육체적 한계뿐 아니라, 정신력과 생존력까지 시험받는 '끝없는 도전의 길'이다. 마라톤이 주로 평평한 도로를 달린다면, 울트라마라톤 중 상당수는 트레일 러닝(trail running) 형식이다. 한마디로 '등산과 달리기의 만남'이다. 산길이나 초원을 달리고, 바위투성이 오르막을 등반하듯 올라야 하며, 길을 잃을지도 모른다는 불안감과 싸워야 한다. 하지만 미지의 자연에서 누리는 짜릿함과 해방감이 매력이다. 울퉁불퉁한 오솔길을 발로 느끼고, 숲의 향기를 맡으며, 멀리 펼쳐진 능선을 바라보면, 어느새 속도나 기록은 점차 잊혀진다. '이 길을 달린다'는 자체로 마음이 충만해진다. 달리는 즐거움을 온전히 경험하며 모든 것이 완벽하게 조화를 이룬다.

42.195km의 마라톤은 잘 알려진 관광지를 둘러보는 '일정이 정해진 여행'과 비슷하다. 코스가 예측 가능하고, 어느 정도 준비된 상태에서 달린다. 울트라마라톤은 '전혀 다른 차원의 여행'이다. 울트라마라톤과 트레일 러닝 세계에서 중요한 건 속도가 아니다. 길을 경험하는데 초점을 맞춘다. 사막의 뜨거운 열기 속에서 한 걸음 한 걸음 버티는 순간, 깎아지른 바위산을 힘겹게 오르는 순간, 불안하게 흔들리는 발걸음을 내디디며 길을 이어가는 순간… 그 모든 경험이 울트라마

라톤을 특별하게 만든다.

세계적으로 유명한 울트라마라톤 시리즈 중 하나가 바로 4 Deserts Ultramarathon Series다. 이 시리즈는 Mary Gadams가 2002년에 설립했으며, 전 세계의 광활한 사막을 무대로 펼쳐진다. '아타카마 크로싱'(칠레), '고비 마치'(몽골), '나미브 레이스'(나미비아), 그리고 마지막으로 '더 라스트 데저트'(남극)—이 네 사막을 모두 완주해야 '4 Deserts Club'에 가입할 수 있다. 지금까지 약 341명이 이를 달성했으며, 한국에서도 18명이 4 Deserts Club에 이름을 올렸다.(2025.4.7. 기준)

울트라마라톤 대회는 이렇게 진행된다.

1) 일일 코스와 컷오프 타임

울트라마라톤 대회 중에는 일정을 여러 스테이지로 쪼개, 예를 들어 7일 동안 매일 30~40km를 달리도록 하는 방식이 많다. 그날그날 컷오프 타임(제한 시간)이 정해져 있어서, 주어진 시간 안에 못 들어오면 실격 처리된다. 보통 출발 전, 대회 주최 측은 사막, 강, 오르막 등 지형 특징과 날씨, 그리고 제한 시간 같은 주요 정보를 안내하는 브리핑을 진행한다. 참가자는 브리핑에서 안내한 코스를 달리고 정해진 시간 안에 그 날의 도착 지점에 들어와야 한다. 저녁에 휴식을 취한 뒤 다음 날 아침 다시 출발선에 선다.

2) 1등 선정 방식—매일 걸린 시간 합산

매일 달린 시간을 모두 합산해 가장 빠른 사람이 1등이다. 기록보다 과정을 즐기려는 사람도 많지만, 상위권 선수들에게 1등은 엄청난 영예와 존경의 자리다. 대만의 케빈(Kevin)이라는 선수는 사막 레이스에서 여러 번 우승했지만 이제는 순위보다 레이스 자체를 즐기고 있고, 'Superace'라는 아시아 대회를 만들어 운영하고 있다.

3) 스위퍼(sweeper)

대회 봉사자 중에 스위퍼가 있다. 스위퍼는 맨 뒤에서 마지막 주자를 따라가며, 코스를 알려주기 위해 꽂혀 있는 핑크 깃발을 하나씩 뽑아서 회수한다. 체력이 좋아야 하고, 꼴찌 페이스에 맞춰 일정 거리를 두고 뒤에서 걷거나 뛰며, 정신적 부담을 주지 않도록 주의해야 한다. 20km 넘는 코스를 따라 하나하나 핑크 깃발을 회수해야 하니, 결코 쉬운 일이 아니다.

4) 텐트 메이트

장거리 대회의 경우 대부분 캠프 생활을 한다. 7~8명이 한 텐트에 섞여 지내기도 하며, 남녀 구분 없이 배정되는 경우가 많다. 경기 내내 텐트 메이트들은 좁은 텐트에서 7일간 함께 시간을 보내면서 서로를 더 깊이 이해하고 진정한 친구가 되는 경우가 많다. 이러한 경험은 참가자들에게 단순히 물리적인 도전을 넘어서, 깊이 있는 인간 관계를 맺는 소중한 기회를 제공한다.

5) 건강검진 결과와 의사의 확인서

울트라마라톤에 참여하기 위해서는 사전에 건강검진 결과

와 의사의 서명이 필요하다. '이 사람은 이 레이스에 참가해도 될 만큼 건강하다.'라는 확인이다. 하지만 병원에선 책임 문제가 민감해 서명을 꺼리는 경우가 많아, 이곳저곳 돌아다니며 한참 설득해야 할 때도 있다.

6) 보험 증명서와 면책 서약서

대회 중 사고나 사망에 대비해 보험 증명서를 제출해야 하고, '죽거나 크게 다쳐도 대회 측 책임이 아니다.'라는 내용의 면책 서약서에 서명해야 한다. 처음 이를 접하면 '정말 죽을 수도 있나?' 하고 덜컥 겁이 나기도 하지만, 대부분 울트라마라톤은 이런 과정을 통해 참가자들의 안전의식과 책임감을 확실히 각인시킨다.

울트라마라톤이란 '나 자신과의 싸움'이자, '모험 속에서 내 한계를 시험하는 길'이다. 울퉁불퉁한 트레일이 주는 공포와 설렘, 사막의 지독한 열기 속에서 우리는 스스로를 발견한다.

"움직이지 않으면, 아무 변화도 없다."

울트라마라톤은 이 명제를 극적으로 체감하는 스포츠다. 때로는 목숨을 걸어야 할 정도로 혹독하지만, 그만큼 얻는 것도 많다. 사람들은 이 길을 계속 찾고, 또 달린다. 더 큰 모험과 더 깊은 깨달음을 위해.

오빠의 선물

대학시절부터 유럽 여행을 꿈꿨다. 루브르 박물관에서 모나리자를 직접 보고, 파리의 에펠탑 아래에서 거대한 철골 구조물을 올려다보고 싶었다. 하지만 그 꿈을 현실로 만드는 데는 꼬박 20년이 걸렸다. 빠듯한 살림, 아이들 양육, 바쁜 직장 생활…. 현실적인 이유로 비행기표 결제 버튼을 누르지 못한 채 창을 닫아야 했다. 시간이 흐르며 유럽 여행에 대한 열망도 점점 희미해졌다.

초등학교 5학년이 된 딸아이가 프랑스 혁명을 공부하다가

문득

"엄마, 나 프랑스 가고 싶어."

라고 말했다. 그 순간, 마음이 환해졌다. 또다시 미루면 영영 떠나지 못할 것 같아 망설임 없이 딸아이와 나의 파리행 비행기표를 예약했다. 구체적인 일정이나 계획도 없이 '일단 떠나자'는 의지가 모든 걸 앞질렀다. 남편은 늘

"우리나라에서도 못 가본 곳이 많다. 무슨 유럽이야?"

라며 반대했지만, 이번만큼은 내 발목을 잡을 수 없었다. 이 여행은 단순한 관광이 아니었다. 그동안 주저해 온 세월을 밀어내는 일이었다.

빠듯한 살림에 비행기표까지 겨우 결제했지만, 그 뒤가 막막했다. '숙소 비용은 어떻게 하지? 딸아이랑 둘이 안전하게 다닐 수 있을까?' 온갖 걱정이 밀려왔다. 그러던 2018년 12월 24일, 크리스마스이브, 퇴근해 집으로 들어오는 길에 아파트 우편함에서 낯선 봉투 하나를 발견했다. 무심코 열어보니,

20년 전에 가입된 보험의 만기 고지서였다.

그 보험은 10여 년 전에 세상을 떠난 오빠가 내 이름으로 들어 준 것이었다. 내가 스무 살 무렵, 오빠가 교통 보험이니 뭐니 해서 매달 2~3만 원씩 넣고 있었다는 얘길 어렴풋이 들었지만, 이렇게 배당금 고지서로 연결될 줄은 몰랐다.

"저 세상 멀리까지 내 목소리가 들렸나?"

영영 닿을 수 없는 곳으로 떠나버린 오빠가 남긴 선물은 기적이었다. 동생을 향한 마음이 이렇게 전달되는 걸 보니, 간절한 마음은 정말 기적을 만들어 내는지도 모르겠다.

프랑스에 가고 싶다는 딸아이의 말과, 더는 미룰 수 없다는 결심, 그리고 기적처럼 날아온 오빠의 보험금으로 모험이 시작되었다. 생각해 보면, 고작 몇 달 전까지만 해도 나는 유럽 여행을 포기한 사람이었다. SNS에서 사진을 보고 부러워하며, '내 얘긴 아니지' 하고 단념할 뿐이었다. 역시 삶은 언제 어떻게 변곡점을 맞을지 모른다. 무언가를 간절히 바라는 마음을 작게라도 간직하고 있으면, 언젠가는 반드시 손을 내민다. 꿈은 닿을 수 없을 것 같은 거리감을 주며 스스로를 지키다, 어느 날 기적처럼 우리 앞에 다가온다. 그리고, 기다렸다는 듯 새로운 세계로 향하는 문을 열어준다. 우리는 과감히 한 발을 들여놓기만 하면 된다. 그것만으로도 삶은 놀라운 선물을 안겨 준다.

일기를 쓰며 발견한 삶의 선물

몇 년 전부터 거의 매일 일기를 쓰고 있다. 처음부터 '일기를 써야겠다'고 마음먹은 건 아니었다. 여행 중 느낀 감동을 잊고 싶지 않아서 사진을 찍고, 거기에 간단한 메모를 SNS에 올리던 것이 시작이었다. 처음에는 '여행일지가 되겠지' 정도로 가볍게 생각했는데, 어느 순간 나만을 위한 기록으로 바뀌어 가고 있었다.

딱히 남에게 보이고 싶지 않고, 그냥 온전히 내 마음만 담고 싶은 날들도 있었다. 그때부터 SNS의 '나만 보기' 기능을 활용해 글을 쓰기 시작했다. 매일 작은 조각들을 정리하며 글을 남기다 보니, 하루가 정돈되었다. 불안이 잠재워졌고, 오늘에 집중할 수 있었다. 그러다 문득 기록이 일종의 명상이라는 사실을 깨달았다.

잔소리처럼 들릴까 봐 조심스러웠던 말들을 써 놓고, 혹은 기뻐서 누군가와 나누고 싶은 감정을 기록한다. 그러다 보면 '이 순간도 언젠가는 그리워지겠지' 생각한다. 사실 매일을 기록하는 게 쉽지 않다. 한 발 앞선 미래를 걱정하느라, 혹은 이미 지나간 과거에 매여 정작 지금 이 순간을 놓칠 때가 많으니까. 하지만 일기를 쓰면 억지로라도 '오늘'을 바라보고, 가장 생생한 마음과 행동을 차분히 소화하게 된다. 하루가 조금 더 소중해지고, 내일이 기다려진다.

하루, 이틀, 한 달, 두 달… 그렇게 시간이 지나 어느덧 1년, 5년, 10년이 흘렀다. 그 사이 많은 일들이 일어났고, 그 모든 순간에 짧든 길든 글을 남겼다. 한번씩은 과거의 글들을 들춰보게 된다. 1년 전 오늘, 2년 전 오늘, 10년 전 오늘—거기엔 내가 잊고 있던 감정들과 고민들, 그리고 감사했던 순간들이 고스란히 남아 있었다. 잠시 그 시절의 나를 만나고, 지금의 나를 돌아보면서 참 많이 성장했다고 느낀다.

하루하루 쌓인 기록들을 보며 내가 써온 글들을 책으로 펴내고 싶다는 생각이 들었다. 살아 보니 일기는 단순한 기록이 아니라, 하루를 깊이 들여다보는 일 자체였다. 지금도 매일 밤(혹은 아침), 하루를 돌아보며 단 몇 줄이라도 남긴다. 무언가 대단한 일을 하지 않았어도, 짧은 문장 하나가 하루를 환기해 준다. "아, 이런 일이 있었지", "아, 이렇게 생각했었지" 하는 작은 발견들이 모여, 나라는 사람을 만들어 간다. 언젠가 지나간 오늘들을 다시 꺼내 볼 때, 지금의 나를 격려할 수 있을 것이다. 어쩌면 그게 삶을 포용하는 첫걸음인지도 모르겠다.

함께 걷는 힘, 가족

고비 사막 레이스를 준비하며, 나는 두 달 동안 매주 토·일요일마다 40~50km씩 평지 훈련을 했다. 체력이 어느 정도 올라와서인지, 몸이 점점 가벼워졌다. 바로 그때, 앨레스띠어는

"이제는 산길로 바꿔보자."

고 조언했다. 집 근처에 있는 산길로 훈련 장소를 옮겼다.

예전에는 두 시간 넘게 걸리던 코스를 이제는 한 시간도 안 돼서 돌았다. 걸음에 탄력이 붙었다. 운동은 할 당시엔 몸이 늘 무거운데, 며칠 꾸준히 이어가다 보면 어느새 체력이 향상되었다는 걸 느끼게 된다. 날개라도 단 느낌이었다. 일요일 아침, 산 능선을 따라 31km를 걷고 뛰었다. 생각보다 힘이 남아 있었다.

"더 걸어야 하나?"

고민 끝에, 다시 집 근처 자전거길로 나와 평지를 달리기 시작했다. 그런데 어디선가 느릿하게 따라오는 차 한 대가 있었다. '뭐지?' 하고 돌아보니, 남편과 딸이 차를 타고 내 뒤를 졸졸 따라왔다.

"이러다 너 쓰러진다!"
"제발 좀 쉬라구!"

남편과 딸아이는 내 걱정이 컸던 모양이다. 딸아이는 아예 차에서 내려 한참을 같이 뛰다가, 힘들면 다시 차를 타고 사라졌다가, 또 어디선가 '짠!' 하고 나타나는 식이었다.

"조금만 더! 롱마치가 80km인데, 최소한 60km는 뛰어봐야지!"

라고 말했지만, 남편과 딸은 집에 가자며 끈질기게 나를 막았다.

"그만해! 정말 쓰러진다니까!"

솔직히 귀찮기도 했지만, 또 한편으론 이 더운 날 함께 헉헉거리며 뛰어주는 딸아이가 고마웠다.

대구의 찜통더위 속에서 달리다 보면, 집 근처 자전거길에 있는 어느 카페가 자꾸 눈에 밟혔다. '아, 레이스 끝나면 저기 들러 시원한 음료 한 잔 마셔야지…' 하는 상상을 했다. 딸아이에게도 말했다.

"거기서 시원한 음료 마시며 기다려줘. 나 10km만 더 갔다 올게! 심심하면 책 보면서 시간 보내고 있어."

그렇게 딸아이와 남편의 걱정을 뒤로한 채, 나는 다시 뛰었다. 요즘은 산티아고에서 앨레스띠어와 메리가 구름을 타고 날 듯 경쾌하게 달리던 모습이 떠오른다.

"나도 이제 그때보다 훨씬 근력이 생긴 것 같아!"

스스로 대견했다. 대견함은 또 다른 동력이 되었다. 목표를 성취해야 성취감을 얻는 것처럼 비춰지지만, 사실 우리는 과정 속에서 더 큰 동력을 얻는다. '어제보다 나은 나'를 의식하는 순간, 지루한 일도 재미있어진다. 연습 달리기 초반에는 힘들고 지루했다. 하지만 어느 순간, 앨레스띠어와 메리가 구름을 타고 나는 듯한 모습이 나에게서 발견되었을 때, 비로소 다리에 힘이 붙었다. 동기란 결국 성취에서 오는 것이 아니라 자신을 의식하는 순간, 그리고 그로부터 피어나는 특별한 감정인 '대견함'을 통해 얻는 것이었다.

기다리는 아들

평소 내가 무얼 하는지 크게 관심 없는 아들이 20km 지점에서 나를 기다렸다. 손에는 대용량 아이스커피를 들고 있었다.

"왜 이런 걸 해! 힘들어 보이는데. 편하게 살라고… 하여튼, 엄마 참 별나."

아들은 시큰둥한 표정으로 커피를 내밀었다. 나는

"실전에서는 이런 거 없는데…."

라고 중얼거리면서도, 감사한 마음으로 시원한 커피를 받아 마셨다. 발이 뜨거워 양말을 벗었다. 물집으로 너덜너덜해진 발가락을 보며, 아차 싶었다. 아들에게 들키지 말았어야 했다. 아들은 한숨을 푹푹 내쉬었다. 아들은 늘 그렇다. 겉으로는 무심한 듯하지만, 속으로는 가족을 위하는 게 느껴진다. 말로는 "하지 마"라며 퉁명스럽게 반응하지만, 어느새 응원을 핑계 삼아 손수 커피를 사 들고 온다. 아들은 아마도, 자기가 말린다고 해도 내가 멈추지 않으리라는 사실을 알고 있었을 것이다. 가끔 툭툭 내뱉는 "엄마는 엄마 인생 살아"라는 말 속에는, 묵직한 위로와 격려가 담겨 있다. 꼭 '사랑해'라는 말을 해야만 사랑인 건 아니다. 살갑지 않아도 괜찮다. 무던하고, 담백하게, 잔잔하게, 그리고 오래오래 이어지는 마음이면 충분하다.

잠깐의 휴식 뒤, 나는 다시 달렸다. 40km 지점에 이르자 아들이 또 날 기다리고 있었다. 이번엔 내가 좋아하는 황남빵까지 들고 있었다. 경주까지 다녀온 모양이었다.

"아휴, 엄마… 이런 발 상태로도 뛸 수 있어?"
"발이 좀 아프긴 해도, 황남빵이 있으니 충분히 뛸 만해!"

'함께 걷는 힘, 가족.' 이 단순하고 명확한 명제가 얼마나 큰 기적을 만드는지, 훈련을 거듭할수록 알게 되었다. 나를 단단하게 받치고 있는 것은 다리가 아니라 가족이었다. 가족의 응원이 없었다면 벌써 몇 번이고 포기했을지 모른다. 오늘도 내 곁에 붙어서 "그만 하라니까!"라며 잔소리를 하던, 시원한 음료를 슬쩍 내밀던, 내가 좋아하는 빵을 들고 나타나던… 그

소소한 잔소리와 다정한 손길이 결국엔 나를 다시 움직이게 하는 진짜 에너지가 되었다.

2장

훈련, 고난, 그래도 가야할 길

한계에 도달하다

처음엔 30km쯤 걸어 본 적 있다는 이유로, '40km도 별 것 아니겠지' 하고 생각했다. 산티아고 순례길에서 하루 최대 28km를 걸었고, 식당 찾느라 2km 더 돌았으니 대략 30km 정도가 내 최장기록이었다. 그때 발바닥에 물집이 생기고 다리가 아파 뒤뚱뒤뚱 걸으며 '이게 내 한계다.' 싶었던 기억은 어느새 까맣게 잊은 채

"30km 걸었으니 40km도 크게 다르지 않을 거야."라는

무모한 자신감이 생긴 것이다.

30km 그 이후, 진짜 장난이 아니다.

막상 30km를 넘어 40km를 걷기 시작하자, 체력이 급격히 바닥났다. 가도가도 끝이 없다. 1km가 10km처럼 길다. 왜 마라토너들이 '남은 10km가 가장 고비'라고 말하는지 알 것 같았다. 20km를 달리면 30km까지는 어떻게든 버텨낼 수 있다. 하지만 30km를 넘겼다고 해서 40km를 갈 수 있는 건 아니었다. 진짜 싸움은 마지막 10km부터 시작하는 거다. 30km 지점을 통과한 후 꽤 오랜 시간을 걸었다고 생각했는데, 겨우 1km도 못갔다. '어? 이거 마법에 걸린 거야?' 정말이지 시간이 느리게, 그리고 무겁게 흘렀다.

그렇게 힘겹게 넘어선 40km를 10번 정도 반복하며 걷고 뛰었다. 결국 나는 '그래, 40km도 할 만하다.'라는 결론에 이르긴 했지만, 이게 내 한계라는 느낌도 강하게 들었다. 한 발자국만 더 떼면 쓰러질 것 같고, 무릎 관절이 나가버릴까 겁이 났다. 발목이 너무 아파 39.8km 지점에서 남편에게 긴급 구조 요청을 하기도 했다.

배낭이 문제였다. 산티아고 순례길에선 무거운 배낭을 직접 메지 않았다. 우체부 아저씨가 내 짐을 다음 숙소로 가져다 주었고, 나는 가볍게 500ml 물 한 통만 들고 걸었으니, 사실상 짐 부담 없이 카페마다 들러 커피도 즐겼다. 울트라마라톤은 전혀 다르다. 내가 먹을 음식, 침낭, 옷, 비상약품 등 7일간 생존에 필요한 필수 장비를 전부 내 배낭에 넣고 뛰어야 한다.

훈련을 시작하며 2L 생수 2통을 등산용 배낭에 넣었다. 등산 배낭 자체도 2kg이라, 합치면 6kg 이상은 됐다. 처음엔 어깨가 부서질 것 같았다. 예전에는 산에 올라갈 때 500ml 물 한 통도 내 배낭에 넣지 않았다. 늘 남편이 큰 배낭에 내 옷, 내 물, 심지어 원두 커피콩, 두꺼운 머그잔까지 짊어지고 다녔다. 나는 산 위에서 따뜻한 커피 한 잔을 낭만적으로 마셔야 한다며 그걸 당연시했지만, 지금은 상황이 바뀌었다.

"세상에, 이렇게 사람이 달라질 수 있나?"

목표 의식이 생기니, 배낭 무게가 아무리 무거워도 그냥 버틸 수 있었다. 메리는 고비마치 배낭 무게를 8kg 이내로 해야 한다 했는데… '음, 어떻게든 되겠지.' 막연하게 생각하며 짐을 꾸렸다. 이것저것 필요한 물품을 배낭에 넣다보니 결코 쉽게 줄일 수 있는 무게가 아니었다.

배낭 무게는 어떻게든 맞춰질 거라고 믿었고, 지금은 기량 향상이 더 중요하다는 생각으로 훈련에 임했다. 42km를 걸었던 어느 날, 몸이 납덩어리처럼 가라앉아 도저히 뛸 수 없었다. 마음은 뛰고 싶은데, 등에 짊어진 배낭이 유난히 무겁게 느껴졌다. 등 뒤에서 보이지 않는 손이 나를 짓누르는 듯, 곧 땅속으로 꺼져 버릴 것 같았다. 훈련 시간이 10시간을 넘어가면서 이젠 걷는 것조차 버거웠다.

내 판단은 틀리지 않았다. 훈련을 계속하다 보니, 몸이 무게에 적응하기 시작했다. 처음엔 한 걸음 한 걸음이 고통이었지만, 시간이 지날수록 등을 짓누르던 배낭이 점점 덜 무겁게 느껴졌다. '망했다, 못 버텨!' 싶었던 그 무게가 어느새 내 몸의 일부처럼 익숙해졌다.

뿌듯했다. 뿌듯함은 감정이지만, 그날은 마치 명치 한복판이 뜨거워지는 느낌이었다. 연료가 가슴 안에서 타오르고 있었다. 감정은 연료다. 커피나 맛있는 음식뿐만 아니라, 스스로를 뿌듯하게 바라보는 이 마음은 연료가 되어 다음 스텝을 밟게 한다.

'작은 성취부터 이루자.' '꾸준하면 성공한다.' 이런 말들 모두, 결국 스스로 느끼는 뿌듯함이라는 연료를 만들어내기 위한 방식이다. 42km를 해냈다는 성취감은 곧 '60km도 해볼 수 있겠다'는 자기 확신으로 이어졌다.

배낭을 내려놓는 순간, 기적이 벌어진다.

정말 그렇다. 무거운 짐으로부터 해방되는 순간, 몸이 붕 떠오른다. '정말 이게 내가 짊어지던 무게였나?' 싶을 정도로 가볍고 자유롭다. 처음에는 '이건 절대 무리야' 하던 무게도 결국엔 익숙해졌다. 훈련을 통해 알게 된 것은 '내가 믿었던' 고통의 무게가 사실은 그리 대단치 않을 수 있다는 것이다. 어쩌면 고통 그 자체보다도 불편해질까 봐 미리 겁먹은 마음이 나를 더 힘들게 했는지도 모른다. 안정을 벗어나는 불편함이 그 무게를 더 무겁게 만들었던 건 아닐까….

내가 믿었던 고통의 무게는 생각보다 가벼웠고, 훈련 중에 마주 한 고난은 결국 나를 강하고 자유롭게 만들었다. 고난은 간혹 참혹한 패배를 맞도록 하지만, 그 시간을 지나온 사람에게는 단단한 마음과 깊은 깨달음을 남긴다. 반드시 이겨내야만 하는 것이 아니라, 묵묵히 견디고, 감내하며 지나가야 할 시간일지도 모른다. 영어에서 '고난을 겪다'를 'go through'라고 표현하듯, 통과하고 견디는 일이 때로는 이겨내는 것보다 더 중요할지도 모른다. 그렇게 한 걸음씩 지나고 보면, 어느 순간 그 고난을 지나온, 조금은 더 강해진 자신과 마주하게 된다.

삶이 우리에게 건네는 고난은 어쩌면, 일종의 훈련일지도 모른다. 훈련이란, 그저 참여만으로도 우리를 조금씩 나아지게 하니까.

울트라마라톤에만 국한된 말이 아니다. 삶에서도 내가 무겁다고 느끼는 짐은, 결국 나를 성장시키기 위한 준비물일 수 있다. 나는 오늘도 무거운 배낭을 메고 훈련을 한다. 그 무게가 잠시 후 더 큰 가벼움으로 돌아온다는 사실을 머리가 아닌 몸으로 배웠다.

장비와 배낭, 그리고 또 다른 고민

 훈련을 하는 동안 평소에 쓰던 등산 배낭을 그대로 멨다. 배낭 무게만 2kg이나 되었는데, 처음에는 "원래 이런 거구나" 싶었다. 그런데 시간이 지날수록 2kg의 빈 배낭이 꽤나 무겁게 느껴졌다. 배낭에 물과 음식, 그리고 필수 장비까지 넣으면 그 무게는 금세 몇 배로 불어날 테니까.

 훈련이야 그렇다 치더라도, 실제 장거리 레이스에선 무게가 곧 생존이다. 최대한 가볍고, 부피가 작은 고성능 장비가 필요했다. '이런 걸 사려면 돈이 얼마나 들까?' 불길한 예감이 스쳤다. 분명 고성능 장비는 비용이 만만치 않을테니까.

햇빛을 가려 줄 모자가 먼저 필요했다. 단순한 모자가 아니라 자외선을 차단하고, 땀을 빠르게 말려 주는 기능성 제품이어야 했다. 인터넷으로 조금만 검색해 봐도 '기능성' 모자의 가격은 수십만 원까지 뛰었다. 조금 비싸다 싶어도, 사막 레이스 중에 땀으로 모자가 눅눅해지면 큰일이라 생각하니, 불안이 묘하게 지갑을 열게 만들었다.

모자뿐이 아니다. 방수 바람막이 점퍼, 경량 패딩도 필수 리스트에 있었다. 고작 몇백 그램 차이일지 몰라도, 하루에 40~50km씩 뛰거나 걸어야 하는 울트라마라톤에선 그 차이가 몸에 그대로 전해진다. '이쯤 되면 난 무슨 화성인처럼 고성능 우주복을 사야 하나?' 하는 엉뚱한 생각이 들 만큼, 모든 장비는 가볍고, 내구성이 뛰어나고 보온성이 좋은 제품이 탐났다. '결국 이런 제품들은 늘 비싼데…'

집 근처 아울렛으로 갔다. 트레킹 장비로 유명한 브랜드 매장에 들어서니, 눈에 들어오는 건 화려한 기능성 옷과 장비들. 가격표가 문제였다.

"단순 방수 점퍼가 이 가격이라고?"

필수 장비들을 죄다 갖추려면 수십만 원이 훌쩍 넘는다.

"정말 필요한 건가? 이 정도 돈을 들일 가치가 있을까?"

매장 한켠에 한참 서서 고민에 빠졌다. 울트라마라톤이라는 말이 아직 낯설고, 실감 나지 않았다. '이 대회를 위해 내가 이렇게 돈을 써도 되나?' 하는 생각이 들면서도, 또 한편으론, 안 사면 레이스 중에 위험해질 수도 있는데….

'이러다가 괜히 중간에 그만두면 어쩌나, 이미 비행기표와 참가비까지 냈는데 장비가 없으면 어찌될까?' 고민들이 머릿속을 맴돌았다. 한편으론 '혹시 중고로 싸게 구하거나, 아는 사람에게 빌릴 수 있진 않을까?' 하는 생각도 스쳤다. 결제를 앞두고 내 손은 진땀을 흘렸다. 어쩌면 이런 게 울트라마라톤의 첫 관문인가 싶다.

장거리 레이스는 고된 체력 훈련뿐 아니라, 경제적인 고민도 하게 만든다. 정작 달리기에 집중하고 싶을 때, 머리 한구석은 '돈' 문제에 붙들려서 갈팡질팡하게 된다. '그래도, 끝까지 완주하려면 장비가 중요해…' 라고 스스로를 설득하면서도, '내가 정말 이 도전을 감당할 수 있을까? 괜히 돈만 버리는 것이 아닐까?' 하는 불안감이 깊은 곳에서 스멀대고 있었다.

'움직이지 않으면 변화는 없다.'는 사실은 변함없다. 당장은 주머니사정을 재며 망설여도, 결국 나는 이 장비들을 어찌 됐든 구해야 한다. 다음 스테이지로 이끌어 줄 '통행증' 같은 것이니까.

가끔은 혼잣말로 다짐했다.

"그래, 일단 해 보자."

울트라마라톤은 훈련뿐 아니라, 경제적인 전략도 필요했다. 내가 쓸 수 있는 자원을 총동원하고, 한 발 더 내디디고, 고민에서 행동으로 넘어가는 것에서 레이스 첫 구간을 끊었다.

스폰서십을 시도하다

'한 번쯤은, 도움을 받아 보면 어떨까? 나의 도전이, 어떤 브랜드에겐 나름 의미가 있을지도 모르잖아.' 스폰서십을 요청해 보기로 했다. 내가 아는 모든 트레킹 브랜드를 뒤졌다. 울트라마라톤에 관심이 있을 것 같은 브랜드를 찾았다. 홈페이지를 누비고, 홍보 사업 담당자 이메일 주소를 찾았다. 조심스럽지만 설레는 마음으로 글을 썼다.

다음 글은 K2에 보낸 실제 메일입니다.

[스폰서십] 관련 문의입니다.

안녕하세요

저는 대구에 거주하는 직장인 방주희입니다. 저는 일상에서는 평범한 직장인이자 주부이지만, 오는 6월 23일부터 몽골 고비 사막에서 열리는 RacingThePlanet의 4 Deserts Ultramarathon Series 중 [2024 Gobi March]에 참가합니다.

이 대회에 대한 자세한 정보는 다음 링크에서 확인할 수 있습니다. https://www.racingtheplanet.com

RacingThePlanet은 20년 동안 지속되어온 권위 있는 레이스로, 전 세계 사람들이 참여하고 있습니다. 현재 아프리카 나미비아 레이스가 진행 중이며, RacingThePlanet에서 생중계되고 있습니다. 제가 참가할 [고비 사막 레이스]는 7일 동안 총 250km 거리의 험준한 지형을 넘으며 생존에 필요한 음식과 필수 장비들을 짊어지고 완주해야 하는 경기입니다.

이번 참가는 저에게 첫 마라톤 도전이자 새로운 경험으로, 이를 통해 많은 것을 배우고 성장할 기회가 될 것입니다.

NHK에서 이번 행사를 밀착 취재한다고 합니다.

[K2]를 홍보할 수 있는 좋은 기회가 될 것이라 생각됩니다.

이러한 상황에서 [K2]의 고품질 스포츠 의류 및 장비를 착용하고 레이스에 참여한다면, 이는 [K2] 브랜드의 홍보에 큰 도움이 될 것이라 생각됩니다. 저의 체형(키 162cm, 몸무게 52kg)은 스포츠 의류가 잘 어울리며 [K2] 제품의 장점을 잘 부각 시킬 수 있다고 생각됩니다.

★이에, 제품 지원이나 특별 할인이 가능한 지에 대해서 문의 드립니다. 긍정적인 답변을 기대합니다.

짧은 이메일에 최대한 진심을 담았다. 십여 브랜드 스폰서십 담당자에게 보냈다. 막연한 기대라는 사실을 알지만, 마음은 부풀었다. '혹시나?' 하는 희망에, 매일같이 메일함을 확인했다.

답장은 오지 않았다. 이틀이 지나고, 일주일이 지나고, 한 달이 지나도록 어디서도 연락이 없었다. 어쩌면, 수많은 제안을 걸러 내야 하는 회사 입장에선, 무명인 개인에게 신경 쓸 여유가 없었을지도 모르겠다. 현실이었다. 알고 시도해본 것이니 실망할 이유는 없었지만, 아쉽기는 했다. 이내 담담해졌다. 애초부터 무모한 일이었고, '한 줄기 희망을 품었다'는 사실 자체가 내겐 의미 있었다. 막연한 낙관주의로 삶을 바라보는 것은 아니다. 안 될 줄 알면서도, 스스로의 의지로 희망을 선택했기에 의미가 있었다. 결과와 상관없이 내가 선택한 희망은 그 자체로 의미를 갖는다. 담담할 수 있는 이유도 그렇다. 이 선택조차 해보지 않았다면, 나중에 후회했을지도 모른다. 이젠 결심이 섰다.

"스폰서 없이라도 갈 길을 가자!"

장비를 구하든, 아르바이트를 더 하든, 결국 내가 스스로 해결해야 하는 문제니까… 답장이 없는 메일함을 보며, "그래, 인생이 다 이런 거지." 하고 혼자 웃었다. 그래도 아쉽긴 했다.

배낭에 2리터 생수 2병,
딸아이 학원까지 왕복 16km

고비 사막 레이스를 결심한 뒤, 나는 평일에도 틈틈이 훈련을 했다. 일단 배낭에 2리터 생수 2병을 넣고, 딸아이 학원까지 걷고 뛰어서 데리러 갔다. 편도 8km, 왕복이면 16km 정도. 하루하루 반복하며, 내 몸에 조금씩 '거리 감각'을 익히려 했다.

남편과 딸아이는 종종 공유 자전거를 타고 앞서 갔고, 나는 무거운 배낭을 메고 그 뒤를 달렸다. 가끔 딸아이가 피곤하다며 "버스 타고 먼저 집에 갈래!" 하고 사라지면, 남편과 나는 다시 둘이서 집으로 뛰어 돌아오곤 했다.

사실, 매일 이렇게 '목표 거리'만을 채우는 건 아니다. 때론 딸아이가 버스를 타고 가버리면, 나와 남편은 집 반대편인 동성로 시내 쪽으로 더 멀리 뛰어 나갔다. 그 길에 김광석 거리와 방천시장이 있어, 족발이나 빈대떡을 사 먹고, 다시 집으로 돌아오면 대략 20km 정도 되었다.

어느 날은 돌아오는 길에 너무 지쳐, 범어네거리 신호 대기 중 길거리 의자에 걸터앉았다가 깜빡 잠이 들어버렸다. 잠들어 버린 날 남편이 깨웠지만, 나는 비틀거리며 걸을 힘도 없었다. 결국 택시를 탔다. 기억조차 제대로 나지 않는다. 남편이 찍어둔 사진에 따르면 내 모습은 술에 잔뜩 취해 길에서 잠든 '전설의 취객' 같았다.

2024년 5월 4일, 40km 첫 도전

처음 40km를 달려 보겠다고 마음먹은 날, 나는 훈련을 억지로 하기 싫었다. 그래서 달리는 중간에 동촌 유원지 근처 카페에 들러 커피도 한 잔 마셨다.

그렇게 40km를 뛰었지만, 집에 도착하니 밤 12시가 넘었다. 피로감도 컸지만, 무엇보다 심각한 건 배가 자꾸 아프다는 것이었다. 다행히 내가 뛰는 자전거길엔 간이 화장실이 많아, 그때그때 뛰어 들어갔지만, '사막에서도 이러면 어떡하나?' 하는 걱정이 밀려왔다.

나중에 알았다. 문제는 전해질이었다. 그동안 내가 섭취하던 전해질이 내 몸에 맞지 않았던 것이다. 그때 앨레스띠어가 한 제품을 추천해 줬고, 놀랍게도 그걸로 바꾸자 더 이상 배가 아프지 않았다.

앨레스띠어는 내가 울트라마라톤 세계에 입문하도록 길을 열어 준 스승 같은 존재다. 짧은 WhatApp 메신저나 화상통화를 통해, 꼭 필요한 정보를 자주 전해 주었다. '어떻게 훈련해야 하는지, 어떤 사고가 발생할 수 있는지'를 미리 알려 줬다. 결정적으로, '이 도전을 해낼 수 있다.'는 믿음을 내게 심어 주었다.

나도 누군가에게 그런 스승이 될 수 있을까? 앨레스띠어가 내게 그랬던 것처럼, 또 다른 누군가의 시작점에서 희망의 문을 열어 주고 싶다는 생각이 들었다.

어느 날, 46km를 뛰기로 했다. 남편은 '봉사자 시뮬레이션'을 하듯 차를 몰고 중간중간 뜨거운 물과 생수를 가져다주었다. 실전처럼 연습한다고 중간에 동결건조 음식에 뜨거운 물을 부어 먹기도 했다. 그러나 '체크포인트에서는 밥 먹을 여유는 전혀 없고, 뜨거운 물이 제공되지 않는다.'고 앨레스띠어가 말해 주었다. 그래서 다음 번 훈련은 진짜 실전처럼 하겠다고 선언했는데, 막상 남편이 훈련 중에 전화가 오면, 나도 모르게 "아이스커피 제일 큰 거!"를 요구했다. 달리다 보면 갈증이 너무 심했다. 대구의 6월은 30도가 훌쩍 넘었고, 습도까지 높은 대프리카니까.

땀으로 범벅이 된 몸은 꼭 삶아지는 느낌이었다. '대구가 이 정도인데, 몽골 사막은 또 어떨까?' 조금 무서웠다. 그렇지만, 오늘도 한 걸음 더 달려 본다. 무거운 배낭이 등에 들러붙어 납덩이처럼 느껴지지만, 그래도 앞으로 나아간다.

하루하루 훈련을 쌓았다.
딸아이를 학원에 데리러 가는 16km 왕복 길,
동성로 시내로 달려 족발 먹고 돌아오는 20km 코스,
40km를 넘는 기록에 도전하는 날,

전해질 때문에 배가 아팠던 날,

남편이 봉사자처럼 뜨거운 물을 가져다주며 지원해 준 날….

매번 힘겹지만, 어느 날 문득 다른 '나'를 발견한다. 처음엔 무리라던 거리를 어느새 다시 해내고 있는 내 모습. 그러다 한 번 더 도전해보고, 또 한 번 더 이겨 낸다.

삶도, 어쩌면 이와 다르지 않을 것이다.

"움직이지 않으면 변화는 없다."

아직도 그 문장을 머릿속에 새기며 뛰고 걷는다. 그리고 언젠가 레이스가 시작되는 날, 이 모든 땀방울이 결코 헛되지 않았음을 증명해 보이고 싶었다.

스폰서십 대신 유지성씨

울트라마라톤에서 장비는 얼마나 중요한 걸까?

처음엔 잘 몰랐다. 오직 훈련과 체력 관리만 신경 쓰면 된다고 생각했다. 그러던 어느 날, 메리가 내게 "장비 준비는 잘 되어 가느냐?"는 메일을 보냈다.

나는 2kg이나 되는 내 배낭에 대해 이야기했고, 메리는 모든 장비를 포함해서 배낭의 무게가 8kg 이하가 적당하다고 했다.

"아, 이건 결코 간단한 문제가 아니구나."

어느 날, 메리에게서 새로운 메일이 도착했다. 이번엔 유지성 대표를 찾아가 보라는 내용이었다. 한국에서 울트라마라톤에 오래 몸담아 온 사람이니, 나를 직접 도와줄 수 있을 거라고 했다.

유지성 씨에게 보내는 메일에 내가 참조자로 들어가 있었다. 메리는 이렇게 덧붙였다.

"줄리(Julie, 나의 영어 이름이다.)는 내 친한 친구야. 그녀를 도와줬으면 해."

잠시 후, 유지성 씨에게서 연락이 왔다. 그는 인천에 살았다. 한번 오라는 말을 덧붙였다. 고민은 사치였다. 훈련할 시간이 부족했지만, 장비 문제를 해결해야 레이스에서 살아남을 수 있겠다는 생각이 강했다. 왕복 10시간이 걸리는 거리였지만, 곧바로 떠났다.

유지성 씨는 20번 이상 RacingThePlanet(이하 RTP, 울트라마라톤 대회명) 대회에 참가했고, 한국 최초의 RTP 참가자이기도 했다. 예전 '도전 지구 탐험대' 프로그램에서 연예인들과 사막 마라톤에 참여했을 때의 그 주인공. 그리고 보니 대학 시절 TV에서 본 기억이 어렴풋이 났다. 벌써 20년이나 지난 일이라고 했다. 지금은 인천에서 트레킹 전문 매장을 운영하고 있었고, 매장 앞에 세워진 마네킹 옷엔 RTP 마크가 선명했다.

"사실 전 완전 초보입니다. 10km 마라톤도 안 뛰어 봤어요. 필요한 장비를 전부 알려주세요!"

나는 모든 걸 그에게 맡겼다. 매장에 없는 장비는 인터넷 링크를 따로 보내주며 왜 이게 필요한지, 어떤 제품이 좋은지 하나하나 꼼꼼히 설명해주었다. 자신의 풍부한 경험을 아낌없이 나눠주는 유지성 씨는 전문가가 확실했다. 그가 추천하는 장비들이면, 사막에서 살아남을 수 있겠다는 확신이 들었다. 혼자 끙끙거리며 인터넷만 뒤지다가 '좀 더 저렴한 걸로도 되지 않을까?' 고민했던 때가 생각났다. 지금 생각하면, 그때 아무 장비나 덜컥 사지 않은 게 정말 다행이다.

"울트라마라톤은 결국 완주의 싸움입니다. 기록이 중요한 게 아니면, 그냥 포기하지 않으면 돼요."

그의 답이 너무 단순해 보여서, 나는 좀 더 묻고 싶었다.

"아니, 그래도 준비 과정이나 훈련은…?"

그는 웃으며 말했다.

"어떤 날은 40~50km 달릴 수도 있고, 어떤 날은 10km로도 충분할 수 있어요. 중요한 건 포기하지 않고 하루하루 쌓아 가는 거죠."

처음엔 허무하게 느껴졌지만, 곧 이해됐다. 울트라마라톤은 내 멘탈과의 싸움이었다. 지속성이란 매일 60km를 뛰는 것이 아니었다. 어느 날은 10km를 뛰고, 또 어떤 날은 80km를 뛰어도 괜찮으니 포기하지 않고 하루하루 노력을 쌓아가는 것, 그게 바로 지속성이다.

우리는 함께 인증 사진을 찍었다. 나는 그 사진을 곧장 메리에게 전송했다. 내가 여길 다녀왔다고, 이제 장비 준비는 확실히 했다고 메리에게 전했다.

"Good job!"

메리는 웃는 이모티콘과 함께 답장을 보냈다.

훈련도 바쁜데 왕복 10시간이나 들여 장비를 구하러 간다니 부담이 컸다. 하지만 장비를 갖추자 몸의 균형이 훨씬 좋아졌다.

메리가 여러 번

"장비 준비는 잘 되어 가?"

라고 물은 건, 단순 안부가 아니었다. 생존을 위한 따뜻한 인사였다. 울트라마라톤은 7일 동안 필요한 모든 걸 내 어깨에 지고 달려야 하는 서바이벌 레이스다. 식량, 비상약품, 침낭, 방수 장비… 전부 짊어진다. 들어간 것이 많다고 좋은 것도 아니다. 무게와 부피는 곧 내 생존율을 좌우한다. 기분이 좋아 배낭을 들쳐맸다. 배낭이 내 몸에 딱 달라붙어 무게 중심이 제대로 맞춰지니, 뛰는 내내 흔들림 없이 내 몸의 일부처럼 느껴졌다.

유지성 씨가 권해 준 트레일 러닝 전용 운동화 덕분에 발에 물집도 확연히 줄었다. 볼이 넓어 발이 부어도 조이지 않고, 오래 뛰어도 편안했다.

"레이스 장비는 항공사 수하물 분실 우려가 있으니, 가능하면 기내에 가지고 타세요. 동결건조 식품 같은 건 포장재를 뜯지 않은 상태라면 기내 반입이 가능하니 미리 잘 준비하시구요."

이런 세세한 팁들까지 알려주었다. 처음엔 인터넷으로만 정보를 찾으려 애썼다. 하지만 결국 뛰어드는 자에게 기회가 온다는 말처럼, 발로 직접 찾아 나섰을 때 비로소 보이지 않는 것들이 보이기 시작했다.

장비를 갖추니 마음은 더욱 든든해졌다. 고비 사막 250km가 더는 막연한 그림이 아니라, 실체가 느껴진다. 머리속에 고비 사막을 달려나가는 모습을 그렸다.

이미 한 걸음을 내디딘 셈이다. 행동하지 않았다면, 그냥 고민만 하다 멈췄을 것이다. 상상 속의 사막은 훨씬 커보였으니까.

몸의 마비 신호

점심시간마다 나는 헬스장으로 향했다. 러닝머신 위에서 시속 12km로 1시간을 달렸다. 몸무게가 늘면, 그만큼 달릴 때 추가 부담이 생긴다고 믿었기에 점심밥도 먹지 않았다. 이상하게도 전혀 힘들지 않았다. 오히려 몸이 가뿐했고, 더 달리고 싶었다. 시간이 거의 다 되어 옷을 갈아입고 나오는데, 얼굴 주변에 이상한 감각이 느껴졌다. 마치 마비가 오는 것 같았다. 거울을 보자 깜짝 놀랐다.

"슈렉의 피오나 공주?"

내 얼굴이 땅땅 부었다. 눈이 반쯤 감겨 제대로 뜨지도 못했고, 볼과 턱은 두 배쯤 커진 듯했다. 그러자 주변에서 "구급차 불러야 하는 거 아니야?"라며 난리가 났다. 나는 손을 휘저으며 "괜찮아요, 택시만 불러주세요."라고 말했다. 사실 가슴이 덜컥했다.

곧바로 택시를 타고 응급실로 향했다. 정신이 아득했고, 스스로도 믿기지 않았다. 북적이는 응급실 원무과에 겨우 다가섰는데, 간호사가 내 얼굴을 보더니 바로 처치실로 데려갔다. 의사는 천천히 상황을 물었고, 나는 그제야 항히스타민제와 링거를 맞으며 침대에 누웠다. 몸이 서서히 가라앉으며, 심장 박동도 안정되었다. 스마트폰 화면에 비친 내 얼굴은 여전히 알아볼 수 없을 만큼 부었다.

'이거 역사적인 순간이다. 기록해야겠다.' 셀카를 찍었다.

진료를 받기 전, 병원에 오는 내내 무서웠다. '너무 무리한 걸까. 이제 좀 쉬어야 하나…' 하는 생각이 스쳤다. 하지만 지나고 보니, 그 두려움도 웃으며 사진을 찍을 수 있을 만큼의 일이었다. 어쩌면 두려움은, 실제보다 늘 더 커 보이는지도 모르겠다.

의사는 링거를 확인하며 내게 한숨 섞인 목소리로 말했다.

"지금 체력이 버티지 못해 이런 알레르기 반응이 온 걸 수도 있고, 과로로 인한 면역 저하일 수도 있어요. 당분간 좀 쉬는 게 어떨까요?"

나는 고개를 끄덕였지만, 마음은 복잡했다. '그냥 쉬어야 할까?' 뛰는 게 너무 재밌다. 자꾸만 달리고 싶다. 내 안에 뭔가가 소리를 질렀다. '그래도 가야 한다!'

의사의 만류에도, 나는 이미 결단을 내린 상태였다.

'아, 이렇게 무리하면 안 될 텐데… 그래도 멈추고 싶지 않아.' 응급실 침대에 누워, 나는 스마트폰 화면을 멍하니 바라봤다. 부은 얼굴과 함께 찍힌 내 모습이 기묘했다. 두려운데 웃음이 나왔다. . '어쩌다 이렇게까지…. 내가 너무 지나쳤나?' 그렇지만, 바로 이어진 생각은 '이러다 못 뛸 수도 있는데 어떡하지?'라는 불안이 아니라, '빨리 나아서 다시 뛰어야지.'라는 바람이었다.

지금은 몸이 보내는 경고를 간과하지 않아야겠지만, 달리기를 중단하는 건 내 선택지에 없었다. 의사의 말대로 당분간 휴식을 취하되, 레이스를 포기할 마음은 추호도 없었다.

나는 링거를 뽑고, 의사의 처방을 받아 들고 나왔다. 얼굴의 부기는 천천히 빠져갈 것이다.

"그때가 되면 다시 달리는 거야."

포기와 자기 케어는 다르다. 분명 내몸을 돌보며 달릴 수 있는 방법이 있을 것이다.

기쁜 마음에 무모했나 돌아봤다. 어떤 일에 몰입하면 그 즐거움 때문에 자신의 몸을 돌보지 못하는 상황이 생긴다. 판단력마저 가끔은 흐려지는데, 스스로 열심히 하는 것을 즐거움과 자랑으로 삼기 때문이다. 나는 무모했다. 달리기 초보였던 내가 몸이 보내는 경고 신호를 알아차리지 못했다. 그래도 '포기하자'는 생각은 내 안에 들어설 틈조차 없었다.

계속 거울을 오가며 부은 얼굴을 확인했다. 저녁쯤, 슬쩍 거울을 보니 부기가 조금 가라앉은 내 얼굴이 보였다. '괜찮다. 달리자!'는 충동이 솟아났지만, 일단 하루 이틀은 휴식을 취하기로 했다. 그 후엔 다시 신발을 신겠지만.

훈련의 즐거움

훈련하러 나가면 산책로에서 운동하던 아저씨들이 자꾸 말을 걸어온다. 처음엔 호기심 어린 질문을 던지길래 반갑게 대답했지만, 어느 순간부터 계속 붙잡고 이것저것 물어보니 '귀찮아 죽을 지경'이 되었다.

그럼에도 분명 즐거움이 있다. 왜냐하면 아저씨들은 대부분 "멋있다!" "대단해!"라며 내게 아낌없는 응원을 보내주기 때문이다. 걷고 달리기만 할 뿐인데도, 어쩐지 어린 시절 운동장에서 응원받는 기분이 들었다.

나는 주로 대구 서쪽 방향의 자전거길을 달렸는데, 햇살에 좀 더 맞서 보기 위해 동쪽 방향으로 코스를 바꾸었다. 아침부터 동쪽으로 달리면 아침 햇살을 정면으로 받게 되니, 고비 사막에서 강렬한 태양을 마주하게 될 때를 대비할 수 있을 것 같았다.

남편은 훈련을 시작한 지 고작 2주 만에 문제가 생겼다. 남편 무릎이 급속히 안 좋아져, 걷기도 뛰기도 어려워졌다. 결국 나 혼자 훈련을 나서야만 했다. 혼자 달리는 길에선 사람들이 더욱 눈길을 주었다. 내가 풀 트레킹 복장에 큰 배낭까지 짊어지고 있으니, 흔치 않은 모습이었으리라.

연습하는 날마다, 하루도 빠짐없이 아저씨들이 자전거를 타고 지나가며

"화이팅!"
"멋져요!"

같은 함성을 보냈다. 나로선 고마우면서도, '왜 이토록 관심이 많지?' 싶을 때가 있었다. 호기심 가득한 사람들은 자전거를 세우고

"왜 이렇게 오래 걸어요?"

"하루에 몇 km 걷는 거예요?"

라며 내 곁에 한 시간 이상 동행하기도 했다.

처음에는 그들과의 대화가 소소한 재미였지만, 점점 부담스러웠다. 모르는 사람과 계속 얘기하고 질문에 답하는 게 피곤해졌다. 남편에게 "자전거 타고 뒤를 좀 따라다녀 주면 안 돼?" 하고 부탁했지만, 그의 무릎 상태가 이미 자전거조차 타기 힘든 수준이라 그마저도 어려웠다.

혼자 훈련을 하게 된 나는 주말이면 하루 최소 40km 이상 달렸다. 달리는 동안

"남편의 무릎이 괜찮아질까?"

하는 걱정도 솟았다. 남편이 봉사자로 고비 마치에 함께 가야 하는데, 이 상태로는 어렵지 않을까 싶었다. 남편이 아픈데, 나 혼자 사막 마라톤을 준비하는 게 너무 이기적인 건 아닐까. 그런 생각이 들자 발걸음이 잠시 느려졌다. 내가 너무 앞만 보고 달리고 있는 건 아닐까. 마음이 무거워졌다.

그래도 금호강변 자전거길을 따라 달리다 보면 유채꽃이 만발한 풍경을 마주한다. 그 노란 물결이 얼마나 예쁜지, 달리는 내내 눈이 즐거웠다. 사막 레이스를 위해 훈련하는 중이긴 하지만, 고단함보다 자연이 주는 위로가 더 크게 와 닿았다.

물론, 울트라마라톤 준비는 전반적으로 힘들다. 몸은 늘 피곤하고, 무릎 관절과 발바닥엔 통증이 어김없이 찾아온다. 가끔 '내가 왜 이 짓을 하지?' 자문한다. 그런데도 어느 날은, 아저씨들의 응원 소리에 피식 웃고, 또 어느 날은 유채꽃 밭 사이로 지나는 강변길의 아름다움에 마음이 설레곤 한다. 흠뻑 땀으로 젖은 채로도 상쾌한 기분이 든다.

"아, 이래서 달리는 거구나!"

운동 속 즐거움이 남들 눈엔 고된 반복처럼 보여도, 자잘한 기쁨들이 쌓였다. 모든 일이 그렇다. 처음에는 새로움에 설레지만, 같은 일을 반복하다 보면 지루함이 찾아온다. 많은 사람들이 그 지점에서 멈춘다. 하지만 그 순간을 지나 반복을 이어가다 보면, 같은 행동 속에서도 차이를 발견하게 된다.

아주 작고 미세한 차이조차 놓치지 않게 되는 순간, 그때 비로소 어떤 일의 전문가가 될 가능성과 마주하게 된다.

장인이나 전문가란, 일반인이 쉽게 지나치는 아주 미세한 차이를 발견하는 사람 아닐까. 걷고 뛰는 이 시간 속에서, 나 역시 그런 미세한 차이들을 조금씩 느끼기 시작했다. 그것이 내 운동 경험을 채우기 시작했다.

아침 햇살을 정면으로 받으며 달리는 새 코스도, 어딘가에서 "화이팅!"을 외쳐 주는 이름 모를 라이더도, 전부 내 하루를 풍성하게 만들었다.

앨래스띠어의 코칭

저녁 8시에 앨래스띠어와 장비 점검을 위한 영상통화가 예정되어 있었다.

나는 아침부터 산길 30km를 뛰며 훈련을 마쳤다. 몸은 가벼웠다. 더 달리고 싶었지만, 무리하지 않기로 했다. 통화 시간이 다가올수록 괜히 긴장됐다. 레이스 출발 일주일 전, 앨래스띠어는 화상통화로 내 장비와 식량을 하나하나 점검해 주겠다고 했다.

식탁 위에는 동결건조 식품들이 잔뜩 늘어져 있었다. 부피도, 무게도 만만치 않았다. '정말 이걸 다 먹을 수 있을까?' 하지만 레이스에 필요한 칼로리는 정해져 있고, 전부 배낭에 담아야 했다.

일요일 저녁, 화상으로 앨래스띠어의 얼굴을 마주하며 내가 가져갈 음식과 장비를 하나씩 보여줬다.

"하루치 식량을 따로 묶어서 정리하는 게 좋아. 레이스 전날 저녁과 출발 당일 아침 식사는 구분해 따로 챙겨야해. 무게에 구애받지 않고 마음껏 먹을 수 있는 '마지막 식사'니까."

어떤 참가자는 피자 한 판을, 또 어떤 참가자는 과일까지 챙긴다고 했다. '왜 이런 걸 사막에 가져오지?' 싶었지만, 출발 전에 먹는 음식은 짊어지고 뛰지 않아도 되는, 레이스 전 마지막 만찬이기 때문이다.

배낭, 그리고 달리면서 꺼내 먹을 간식
앨레스띠어는 내 배낭 크기를 물었다.

"35L입니다."
실제 체감 용량은 작다고 하자, 그는 웃으며 말했다.

"내 배낭은 20L도 안 돼. 그 정도면 충분해."

그 말을 듣고 나니, 괜히 큰 배낭을 메고 뭘 얼마나 지고 뛰려 했던 건가 싶었다. 가볍고 산뜻하게 뛰려고 했는데 어느새 욕심이 끼어 있었다.
앨래스띠어는 사막 레이스에 꼭 필요한 팁들을 하나씩 알려줬다.

"배낭 앞쪽에 작은 주머니들이 있을 거야. 달리는 중간에 먹을 간식, 육포, 에너지 바를 거기 넣어야 해. 그래야 바로 꺼내 먹을 수 있어."

나는 잘 이해가 되지 않아 멍한 표정을 지었고, 그걸 눈치챘는지 앨래스띠어는 직접 배낭을 메고 돌아왔다. 배낭 앞에 숨겨진 작은 주머니들을 어떻게 활용할 수 있는지 몸으로 보여주며 자세하게 알려주었다.

"CP(체크포인트)에서는 점심 먹을 여유 없어. 물통 채우고 잠깐 쉬었다가 바로 출발해야 해."

짧은 화상통화지만 내 장비와 식량, 주머니 구성까지 하나하나 세심히 챙겨 주었다. 그 마음이 참 고마우면서도, 어쩐지 마음 한구석이 불편했다.

'너무 신세만 지는 건 아닐까? 내 영어도 서툰데, 이렇게 번거롭게 해 드려도 되나? 이 레이스 끝나면… 더 이상 연락하지 말아야지. 민폐가 되는 것 같아….'

하지만, 동시에 이런 생각도 들었다. '나도 누군가에게 이런 존재가 될 수 있을까?'

통화가 끝나갈 무렵, 나는 조심스레 물었다.

"제가 당신을 위해 할 수 있는 일이 있을까요?"
"아니, 그럴 필요 없어요."

앨래스띠어는 웃으며 말했다.
'이 감사를 어떻게 표현하지?' 나는 내내 그 질문을 끌어안았다.

화상통화를 마치고 나니 마음 한가득 감사함이 밀려왔다. 하지만, 한편으로 아무것도 모르는 내가 너무 큰일에 도전하려 한 것은 아닐까라는 불안도 밀려왔다. '송충이는 솔잎을 먹어야 한다… 내가 있을 곳이 아닌 건가?' 자신이 없어졌다. 왜일까? 도움을 받으면 고맙기보다 부끄럽고 스스로가 작아지는 기분이 드는 건.

고작 10km 달려도 헉헉대던 내가, 250km 사막 레이스를 눈 앞에 두고 있다.

코칭을 통해 '내가 얼마나 부족한가'가 분명해졌지만, 동시에 '그래도 할 수 있다'는 희망도 내 안에 자리 잡았다. 어떤 마음을 붙잡고 갈지는 결국 나의 선택이다.

'그래, 부족하면 부족한 대로 하나씩 배워 가면 된다.' 지금은 코치를 찾아 도움을 청하는 단계지만, 언젠가는 당당히 뛸 수 있으리라 믿는다.

나는 다시 식탁 위의 동결건조 식품들을 바라봤다. 그리고 다시 다짐했다.

'울란바토르에 도착하면 포장재 뜯고, 부피 줄이고, 내가 할 수 있는 만큼 준비하자.'

나의 사막은 그렇게 시작되었다.

배낭꾸리기

 레이스 출발이 가까워지자, 배낭을 꾸리는 일이 시급해졌다. 울트라마라톤 대회에 필요한 물품들—침낭, 비상약품, 동결건조 식품, 의류, 양말, 신발… 이 모든 장비를 위탁 수하물로 맡기면 어떻게 될까?

 경험 많은 참가자들 말로는, 위탁 수하물로 보낸 짐이 분실되어 곤란해진 사례가 종종 있었다고 한다. 평범한 대회라면 어느 정도 대체품을 구할 수도 있겠지만, 사막 레이스에 필요한 전문 장비들은 현지에서 구하기 어려울뿐더러 가격도 만만치 않다. 짐이 사라지면, 그날로 레이스 포기가 될 수 있다는 얘기였다.

그 말을 듣고 나니, 내게는 선택의 여지가 없어 보였다.

"꼭 필요한 건 기내로 가져가야 해."

기내 수화물로 레이스에 필요한 물건들을 전부 가져가려다 보니 그 양이 엄청났다. 7일간의 생존을 위한 장비들은 부피도 꽤 되었다.

울란바토르 공항에 도착한 뒤, 호텔로 들어가면 바로 최종 패킹을 해야했다. 기내 반입을 위해서는 식품의 포장재를 뜯을 수 없기 때문에 몽골에 도착한 후에 불필요한 포장재를 제거하고 무게를 줄인 뒤 다시 짐을 꾸리기로 했다.

몽골 호텔에 도착해서 배낭을 펼쳐 놓고, 이리저리 무게를 재 봤다.

"이건 꼭 필요할까? 버려도 되나?"

스스로 수십 번 되물었다. 초과된 100g, 200g이 레이스 내

내 어깨를 짓누르며 나를 괴롭힐 수 있으니까. 이 모든 과정이 마치 한 편의 작은 의식 같다. 설레고 즐겁다.

"진짜 사막으로 가는구나."

3장

사막으로 가는 길

몽골, 울란바토르로

 남편과 함께 몽골 고비 사막으로 떠나는 날, 딸아이는 아들과 함께 공항까지 나와 배웅해 주었다. 아쉬움과 걱정이 뒤섞인 눈빛 속에서, 딸아이의 웃는 표정은 어딘가 어색했다. 억지로 지은 웃음이었지만, 그 안에 담긴 격려는 분명 진심이었다.

 "엄마, 꼭 완주하고 와!"

어색한 웃음, 밝게 보이려고 힘차게 흔드는 손이 눈에 밟혔다.

6월 21일 금요일, 주최측에서 제공하는 호텔 로비에 각국에서 온 사람들이 하나둘 모여들었다. 사람들은 서로 언어가 달라도 긴장과 설렘이라는 같은 표정을 공유하고 있었다. 누구는 20대, 누구는 50대. 사연도, 국적도 모두 달랐지만, 이곳에 모인 이유만큼은 같았다. 250km의 레이스. 누구도 대신 걸어줄 수 없는 길, 오로지 스스로의 책임으로만 완주해야 하는 길. 각자 커다란 배낭을 짊어지고 로비 한구석에 자리를 잡았다. 배낭 안에는 앞으로 7일간을 버텨 낼 생존 장비들이 빼곡했다. 마치 인생을 등에 짊어지고 떠나는 순례자들처럼….

우리는 서로 다른 배경을 갖고 있지만 똑같이 '도전'이라는 마음 하나로 이어졌다.

6월 22일 토요일, 아침 7시 30분부터 본격적인 레이스 사전 활동이 시작됐다. 쌀쌀한 공기가 채 가시지 않은 호텔 로비에 참가자 전원이 모였다. 웅성거리지만 울란바토르의 차갑게 내려앉은 공기 때문인지 긴장이 감돌았다.

"운영 설명합니다."

주최측이 마라톤 운영에 대해 설명했다. 코스 정보, 안전 수칙에 대한 브리핑이 잇따랐다. 누군가는 설명에 집중했고, 누군가는 지도에 표시된 길들을 유심히 살펴봤다.

"레이스 도중에 쓰러져도, 그 책임은 오롯이 본인에게 있습니다."

오전 9시부터 11시까지, 모든 참가자는 순서대로 면책 서약서에 서명했다. 서명을 해야할 개인의 책임에 대한 문구는 앞으로 마주할 험난한 길을 암시하는 듯했다. 서명을 하는 순간엔 이 서명을 한 사람이 나인가 싶은 묘한 이질감이 들었다.

스페인, 한국을 거쳐, 레이스를 시작해야 할 울란바토르까지 이어진 여정. 그리고 그 길 위에서 나는, 오롯이 나의 선택에 따른 책임을 마주했다. 그것이 이 레이스의 첫 번째 약속이었다.

레이스에서 이어진 약속은 삶의 약속이기도 했다. 삶에 우

사막으로 가는 길

연과 필연이 있다면, 우연을 필연으로 만드는 것은 선택일지 모른다. 우연히 다가온 마라톤의 기회는 내가 선택했기에 내 삶의 일부가 되었다. 그리고 면책 서약서에 서명하는 순간, 그 선택과 책임이 내 앞에 또렷하게 모습을 드러냈다. 나는 그 서명과 함께 삶을 향한 또 하나의 약속을 시작했다.

사진 촬영 동의서, 배낭 무게 측정, 필수 장비 확인을 순서대로 진행했다. 식량검사도 빼놓지 않았다. 최소 14,000kcal를 지참해야 한다는 규정에 맞춰 나는 표로 정리해 둔 식단표를 내밀며, 부족함이 없음을 증명했다. 주최측에서는 250km 마라톤을 진행하는 동안 음식을 제공하지 않는다. 음식은 개인이 준비해야 하고, 그 음식을 각자 배낭에 짊어지고 뛰어야한다. 음식은 '생존'의 일부이기에, 무심히 챙겨 넣을 수 없었다. 가볍고, 달리면서 먹기 편하며, 소화도 잘 되고 작은 부피에 열량이 높은 음식 위주로 챙겨넣었다. 주최 측은 책임이 개인에게 있다고 했지만, 깐깐하고 세심하게 점검했다. 식량검사를 통과하고 나면, 레이스 번호표와 노트, 그리고 수하물 보관 태그를 받는다. 레이스 노트 안에는 스테이지별 거리와 고도, 강을 몇 번 건너야 하는지까지 세세하게 적혀 있었다.

내 번호는 10번. 참가자 126명 중에서도 앞쪽이다. 알파벳 B로 시작하는 내 성 덕분이다. 내 배낭에 GPS 트래커를 부착하니 왠지 더는 도망칠 수 없는 기분이 든다.

그런데 호텔 로비 한편에선 아직도 짐을 싸는 이들이 있다. 여긴 울란바토르 최고급 호텔 로비건만, 사람들과 장비, 음식 포장지들이 뒤섞여 난장판을 이루고 있었다. 어느 일본인 남성 한 명이 정신없이 컵라면과 카레밥 봉지를 뜯어 비닐봉지에 나눠 담고 있었다. 스프가 쇼파와 바닥 위로 뿌려지자, 나는 웃음이 터져 나올 뻔했다. 도움이 필요한 눈치라 다가가

"도와드릴까요?"

라고 묻고, 그렇게 우리의 첫 인사가 오갔다. 새까맣게 그을린 피부가 인상적인, 28살 타쿠미(Takumi)라는 남자였다.

그와 나란히 앉아 일주일 분량의 식량을 재포장하면서, 나는 일본에 이렇게나 다양한 동결건조 식품이 있다는 걸 처음 알았다. 카레라면에 카레밥은 물론이고, 우동, 미소된장국, 명란 녹차밥, 쇠고기덮밥, 심지어 연어덮밥까지.

작은 팩 하나에 밥, 고명, 건더기까지 다 들어 있었다. 봉지를 뜯고, 건더기를 나누어 담는 과정을 함께하노라니, 대회 전부터 우리가 이미 공동의 전투를 치르는 느낌이었다.

짧은 설명회가 끝나고, 내 배낭 무게를 재는 차례가 왔다. 물을 넣지 않은 상태인데 9.6kg. 물까지 채우면 11kg이 넘는다. 아찔하다. 아무리 스스로 '괜찮다'고 다독여도, 내 어깨와 다리는 이미 비명을 지를 준비를 하고 있었다. 대회 스태프가 무엇을 설명해도, 솔직히 내 긴장감 때문에 절반도 이해 하지 못했다.

"오케이! 예스!"

라는 말만 서둘러 내뱉으며 눈치만 살폈다. 그런데 속에서는 묵직한 두려움이 솟구쳤다. 눈물이 맺힐 듯 말 듯, 감정이 울컥 올라온다.

문득 카메라가 내 얼굴을 비춘다. NHK 밀착 취재팀과 RTP 공식 촬영팀이 작은 표정 하나까지 놓치지 않으려는 듯, 현장을 구석구석 기록하고 있었다. 그들의 렌즈는 내 표정도 빠짐없이 담아낸다. 겉으로는 괜찮은 척 웃어 보이려 했지만,

이미 겁먹은 강아지 같은 내 눈빛을, 어찌 숨길 수 있었겠는가. 사진과 영상이 곧장 RTP 홈페이지에 올라갔고, 앨레스띠어에게서 바로 메시지가 왔다.

"왜 그렇게 겁먹은 얼굴이야? 무슨 일 있어? 넌 잘 해낼 거야. 그동안 잘해왔잖아."

나는 아무 말도 하지 못 했다. 지금이라도 집에 돌아가고 싶다는 마음이 종일 머릿속을 맴돌고 있었으니까. 혼자라면 벌써 공항으로 향했을지도 모르겠다. 하지만 나와 함께 이곳에 온 남편이 스태프로 봉사를 하고 있으니, 그냥 나 혼자 도망치듯 떠날 수도 없었다.

직장 동료들은 나를 응원한다고 말했고, 아이들도 "엄마 멋지다!"고 응원했다. 이대로 도망쳐 버리면 그들의 믿음을 배신하는 꼴이 된다. 더구나 나를 여기까지 이끌어 준 메리와 앨레스띠어의 기대도 저버릴 수 없지 않은가.

나에겐 결심 말고는 다른 길이 없었다. 세상엔 이런 순간이 찾아오기도 하나 보다. 뒤돌아설 수 없어 결국 전진해야 하는 선택지. 두려움이 앞서고, 무엇이 기다릴지 몰라도… 앞으로 가는 길 외에는 다른 선택지가 없는 날들이 있다. 그럴 때, 단단히 마음을 다잡고 한 걸음씩 나아가는 수밖에.

떨리는 숨을 몰아쉬면서도, 내 두 발로 이내 새로운 길로 나아가기를 바랐다.

매일 아침 올라오는 몽골의 해처럼.

첫걸음 앞의 긴장

 오후 2시, 우리는 캠프 1로 이동하기 위해 25인승 미니버스에 올랐다. 이미 통로까지 배낭으로 가득해 숨 막힐 듯했는데, 아일랜드 출신의 62세 아저씨 켄(Ken)은 그 와중에도 버스 창가 쪽 좋은 자리를 재빠르게 확보해 놓았다. 그는 전에 이 대회 봉사자로 여러 차례 참여했는데, 이번에는 선수로 출전한다고 했다. 그 경험 덕분인지 도로 사정도 미리 꿰뚫고 있어서 "서둘러야 편하게 갈 수 있다."라며 내게 윙크까지 해 보인다. 켄은 작은 키에 포근한 체격, 장난기 어린 미소가 인상적인 사람이었다. 낮고 인자한 목소리엔 묘한 신뢰감이 실려 있었고, 윙크 하나에도 여유와 따뜻함이 묻어났다.

버스가 출발하자, 도로 상태가 엉망이라는 사실이 곧장 실감났다. 차를 타고 가는 내내 머리가 창가에 '쿵쿵' 부딪혔다. 내 체구는 큰 편이 아닌데도 이 정도이니, 서양 체형의 참가자들은 레이스 시작도 전에 '고난 시뮬레이션'을 겪고 있는 기분이었으리라. 버스가 도로 위의 깊은 구덩이를 피해 지그재그로 움직이는 광경은, 마치 어설픈 춤사위를 보는 것 같았다. 속도는 애초에 50km/h를 넘지 못했고, 불어난 흔들림에 사람들의 신음이 곳곳에서 들려왔다.

캠프에 거의 다 왔을 무렵, 마지막 한 시간 가량은 아스팔트가 사라진 구간을 지나야 했다. 낡은 빨래판을 질주하는 듯한 거친 길 위에서, 온몸이 의자에서 들썩이며 튕겨 나갔다. 이런 게 '사막 레이스의 시작'일 줄이야. 나는 이미 몽골 초원의 바람과 먼지를 온몸으로 맞으며, 앞으로 닥칠 일들이 심상치 않을 거라는 예감을 떨쳐낼 수 없었다.

그렇게 7시간을 고되게 달려 마침내 캠프 1에 도착했다. 버스는 허옇게 먼지를 뒤집어쓴 채 덜컥 멈춰 섰다. 창밖을 보니, 수백 년은 족히 견뎌 낸 듯한 돌벽들이 거친 사막 바람을 묵묵히 맞고 서 있었다. 그 벽에 길게 드리워진 그림자는 저물어 가는 태양 아래 붉게 물들어 있었다.

그 반대편, 어느 방향인지조차 가늠하기 힘든 고비 사막 한가운데에 어둑한 회색 텐트들이 원을 이루고 들어서 있었다.

하르 보흐 발가스(Khar Bukh Balgas)

'검은 황소의 유적지'라는 뜻으로, 한때는 강대한 문명이 번성했던 자리라 한다. 그러나 이제는 바람과 유목민만이 스쳐 갈 뿐, 아무것도 남아 있지 않은 땅.

첫날 밤

캠프 1에서 맞는 첫날 밤, 긴장감 때문인지 도통 잠이 오지 않았다. 고단한 몸을 텐트에 눕혔지만, 한두 시간 채 못 자고 눈을 뜨기를 반복했다. 온몸이 덜덜 떨렸다. 사막의 밤 공기는 뼛속까지 파고들 만큼 차가웠다. 가지고 온 옷을 죄다 껴입고도 내 떨림은 전혀 멈출 기미가 없었다. 턱마저 딱딱 부딪칠 정도로 추위를 견디기 어려웠다.

'이러다 진짜 동상 걸려서, 미라처럼 발견되는 건 아닐까?'

'뭐 이런 레이스가 다 있지? 여기에 온 이 많은 사람들은 대

체 어떤 생각으로 모였을까?'

캠프 안 텐트는 어둠에 잠겨, 간간이 누군가 뒤척일 때만 기척이 전해졌다. 밖에서 윙윙거리는 바람 소리가 오히려 적막을 더했다. 수많은 생각이 한꺼번에 밀려들었다. 얼마나 버틸 수 있을까, 이 길을 정말 완주할 수는 있을까.

정작 대회는 이제 막 시작되었을 뿐이었다. 어쩌면 사막의 밤이 이렇게 '혹독한 선물'을 내미는 데에는, 그만한 이유가 있는지도 모른다. 이 고요하고 매서운 찬 기운 속에서, 내가 정말 왜 여기에 와 있는지, 마음 깊은 곳의 답을 찾아야 한다는 신호인 것 같다.

동이 트기를 기다리며 텐트 안 얇은 침낭 속에서 파르르 떨고 있자니, 결국 내 의지를 스스로 확인할 수밖에 없었다. '괜찮을 거야, 시작도 안 했는데 쉽게 포기하면 안 되지.' 그 다짐을 붙들고 있으니, 끝없이 불어오는 사막의 찬바람도 조금은 견딜 수 있었다. 텐트 너머로 옅은 빛이 올라오기 시작했다. 무채색으로 펼쳐진 몽골의 하늘에, 해가 천천히 모습을 드러내려 했다. 이 어둠을 통과한 뒤라야 마주하게 될 풍경은 어떤 모습일까. 그걸 지켜보겠다는 마음 하나가 튀어 올랐다.

바람의 도시, 카라코룸

 광활한 초원 위로 야생마들이 먼지를 일으키며 질주한다. 힘찬 발굽 소리가 대지를 울리고, 태양은 벌겋게 이글거리며 지평선을 태운다. 거친 바람이 휩쓸고 지나가면, 불타는 듯한 열기가 모래 알갱이에 실려 살갗을 스친다.

 카라코룸(Karakorum)에 섰다. 언젠가 이곳은 몽골 제국의 심장이자 실크로드의 중심이었다. 칭기즈칸이 수도로 정했고, 그의 아들 오고타이 칸은 여기서 거대한 도시를 세웠다고 한다. 비단과 향신료가 넘나들며 동서양을 잇는 교역의 중심이었고, 끝없이 펼쳐진 초원 속에서 부와 권력이 숨 가쁘게 오갔다.

영광은 결국 바람처럼 흩어졌다. 화려했던 궁전은 허물어지고, 수많은 사람들의 발길이 지나간 길도 이제 초원 속으로 사라졌다. 거대한 역사의 물결은 한순간에 머물다가, 마치 바람이 지나간 자리처럼 흔적만을 남겼다.

내가 달리는 이 땅은 여전히 숨을 쉰다. 유목민들은 바람을 벗 삼아 살아가고, 초원과 모래 언덕 사이 어딘가에는 사라진 문명의 흔적이 남아 있다. 카라코룸은 완전히 사라지지 않았다. 그저 몽골의 바람 속에서, 시간과 함께 움직이고 있을 뿐이다.

나는 그 긴 호흡의 한 자락에서, 찬란했던 흔적이 바람처럼 흩어져도 사라지지 않는 무언가를 조금씩 배워갔다.

고비의 아침을 맞이하다

 긴 밤을 어찌어찌 버티고, 잠깐 눈을 붙인 것 같았다. 새벽 5시 무렵, 겨우 정신을 차리고 텐트 밖으로 나가 보니 이미 모두가 움직이고 있었다. 마치 고요한 사막 한복판에서 갑작스레 활기를 찾은 작은 마을처럼, 분주하게 짐을 챙기고 불가에 모여 몸을 녹이고 있었다.

 나도 얼어붙은 몸을 녹이기 위해 앨래스띠어가 알려준 대로 침낭을 둘둘 몸에 감고 장작불 앞으로 다가갔다. 작은 불씨가 내 앞에서 활활 타올라, 움츠러든 어깨와 굳은 다리를 부드럽게 풀어 주었다. 차가웠던 혈관에 조금씩 온기가 퍼지는 기분이었다.

스태프는 장작 위 커다란 주전자에 물을 끓였다. 주전자는 밑동부터 주둥이까지 그을음으로 새까맣게 변해버렸다. 준비해 간 동결건조 밥에 끓고 있는 물을 조심스레 부었다. 속이 뒤틀려 도저히 목으로 넘어가지 않았다. 맥없이 축 늘어진 팔다리는 새벽의 싸늘함을 완전히 털어내지 못했다. 밥을 반도 못 먹고 결국 숟가락을 내려놓았다. 그럼에도 시간은 무심하게 흘렀고, 출발 준비를 서둘러야 할 때가 되었다. 나는 식기를 헹구고 텐트로 돌아가 짐을 꾸리기 시작했다.

돌돌 말아둔 침낭을 꾹꾹 눌러 배낭에 넣고, 슬리핑패드를 여러 겹으로 접어 단단히 묶었다. 서투른 손길로 배낭을 점검하니, 마음 한구석에서 '이게 과연 충분한 준비일까' 하는 불안이 고개를 들었다. '그래도 할 수 있는 건 여기까지다.' 끝으로 신발끈을 꽉 조여 맸다. 이제 더는 부정할 수 없는 순간이다.

아침 7시 30분. 출발 전 브리핑을 듣기 위해 다시 모였다. 설렘과 기대의 얽힘. 자고 먹는 것조차 마음대로 안 되는 상황이지만, 그럼에도 우리는 출발선에 서야 했다. 준비가 완벽하지 않아도 시작해야 한다는 것… 그것이 이 레이스가 요구하는 가장 기본적인 태도처럼 느껴졌다.

고비 사막에서의 시작

6월 23일(일)

사막의 아침 공기는 의외로 적막하고, 하늘엔 낮게 깔린 구름 한 점 없었다. 곧 시작될 250km 레이스를 앞두고, 거친 호흡과 높은 심박 소리가 가슴 깊은 곳에서 시작해 귀끝까지 울려 퍼졌다. 누군가는 시계를 확인하고, 누군가는 배낭의 스트랩을 꽉 조였다. 에너지 젤을 삼키며 기운을 끌어올리는 사람, 신발 끈을 다시 묶는 사람도 있었다. 정작 어깨를 짓누르는 건 배낭의 무게가 아니라, 레이스 완주에 대한 생각이었다.

바람에 휘날리는 깃발들의 색이 아침 햇살 아래에서 선명하게 빛났다. 붉은색, 푸른색, 노란색, 하얀색… 세계 곳곳에서 모인 사람들이 각자의 언어와 문화를 뒤로하고, 마치 한 장의 풍경화처럼 모여 섰다. 서로 말을 주고받진 않아도 알 수 있었다. 우리는 모두 같은 방향을, 같은 마음으로 바라보고 있었다.

주최 측 카메라와 NHK 촬영팀이 우리를 둘러쌌다. 어떤 이는 인터뷰에 농담을 섞어대고, 어떤 이는 주먹을 불끈 쥐며 결의를 다졌다. 스탭이 다가와 마이크를 들이대면, 사람들은 자신만의 사연을 짧게 내뱉었다.

"할 수 있어."
"나는 꼭 완주한다."
"가족들에게 부끄럽지 않게."

모두 누군가에게 보여 주고 싶은 '내 모습'을 움켜쥔 듯했다.
그중에는 유명 유튜버들도 선수로 참가했는데, 그들은 긴장이 감도는 순간에도 밝게 웃으며, 그 장면들을 생생하게 기록하고 있었다.

머리 위에서는 드론이 윙윙 소리를 내며 허공을 가르고 있었다. 우리의 발걸음이 향할 길을 먼저 훑어보는 듯했다.

"이제 곧 출발합니다! 모든 참가자는 준비해주세요!"

확성기를 통해 울려 퍼진 메리의 목소리가 사막의 공기마저 힘 있게 휘어잡으며, 모두의 시선과 마음을 한순간에 집중시켰다. 우리는 서로 긴장 속에서도 미소를 나누고, 어깨를 두드려 주며 눈빛으로 응원했다. 웃음과 불안을 동시에 머금은 표정들. 머릿속엔 지금까지의 훈련, 내 손을 꼭 잡은 아이, 잘해 보라며 응원하던 동료들, '실패해도 괜찮으니 건강하게 돌아오라.'던 사람들… 수많은 얼굴이 겹쳤다. 출발 신호가 떨어지면, 복잡한 생각들은 사막 바람에 흩어져 버릴 것이었다.

"3, 2, 1... GO!"

메리의 카운트다운이 끝나자, 레이싱 스네이크라고 불리는

'빠른 참가자'들이 앞장서며 모래 먼지를 날렸다. 먼지는 찬란한 태양빛을 받아 금빛으로 반짝이고, 일부는 다시 바람에 휩쓸려 허공에 흩어졌다. 많은 이들이 환호성을 지르며 가볍게 뛰어나갔다. '서두르지 않는다.' 앨래스띠어의 조언이 귀에 들렸다.

"처음부터 무리하지 마. 분위기에 휩쓸려 막 뛰어나가다가 출발선에서 넘어지는 사람들이 많거든. 훈련하듯, 너만의 페이스대로 가면 돼."

그의 말대로, 나는 가장 뒤쪽에서 천천히 한 발을 내디뎠다. 내 옆에는 켄 아저씨가 함께 했다. 마치 순례길을 함께 걷는 사람들처럼 여유롭게.

250km. 기나긴 여정

사막의 바람이 얼굴을 스치고, 한 발 한 발 옮길 때마다 모래가 푹푹 꺼지는 느낌이 전해졌다. 가슴 한구석은 서서히 가벼워졌다. 할 일은 단순했다. 바로 이 길 위에 두 발을 디디고, 한 걸음씩 나아가는 것. 그것이면 충분했다.

첫 고비를 넘다

 첫날 레이스는 끝없이 펼쳐진 초원과 완만한 구릉을 오가며 시작되었다. 한낮의 태양이 이글거리기 전, 우리는 하르보흐 발가스 유적지를 통과했다. 경로는 비교적 평탄했지만, 이미 첫날부터 산 넘어 산이었다. 고비 사막 특유의 자갈과 모래, 끝없이 드리워진 잔풀밭이 발을 붙잡았다.

 한참을 켄과 함께 걷고 뛰다가, 그는 내게 먼저 가라고 말했다. 각자의 페이스대로 달리는 게 좋을 것 같다고… 그 옆에 있던 미국인 워렌(Warren)이 고개를 끄덕이며 덧붙였다.

"그게 정답이죠. 각자의 페이스대로 가는 게, 서로에게 가장 좋은 길이에요."

우리는 말없이 고개를 끄덕인 뒤, 각자의 리듬대로 달리기 시작했다. 여행도, 도전도, 그리고 인생도 결국은 함께 시작할 수는 있어도, 끝까지 나란히 갈 수는 없다. 속도를 맞추는 일이 중요한 것이 아니라, 서로의 걸음을 인정하고, 각자의 길을 존중해 주는 일이 중요하다. 그날 켄과의 이별은 이별이 아니었다. 여전히 우리는 같은 방향을 향하고 있었다.

캠프 2에 도착해 보니, 몇몇 참가자들은 벌써 발가락을 감싸쥐고 신음을 토하고 있었다. 첫날부터 이런 부상이라면, 남은 6일은 말 그대로 지옥이 될 것이 뻔했다.

다행스럽게도, 나는 큰 물집이나 부상을 입지 않았다. 훈련 중에 수도 없이 생겼던 물집과 상처 덕분에 어느 정도 '내성'이 생긴 모양이었다. 그 작고도 성가신 물집 하나가 레이스의 성패를 좌우할 수 있다는 사실을 이미 몸으로 배웠다.

레이스에서 발 관리는 곧 생존과 직결된다. 무엇보다 내 발에 잘 맞는 신발 선택이 우선이다. 훈련 기간 동안 나는 날마다 발에 난 물집을 터뜨리고, 소독하고, 새 살이 돋으면 다시 뛰는 과정을 반복했다. 앨레스띠어가 추천해 준 이중 양말 방식(부드러운 발가락 이너 양말에 겉 양말을 덧신는)이 큰 도움을 주었다. 마찰로 인한 물집을 상당 부분 줄여 주었고, 덕분에 발이 조금은 '안전 지대'에서 숨 쉴 수 있었다.

메리는 내게 평소보다 한두 치수 큰 신발을 신으라 조언했다. 긴 시간 걷고 뛰며 발이 부을 것을 대비한 선택이었다. 물론 신발 안에서 발이 흔들리지 않도록 끈을 조절하는 것도 중요하다. 조금이라도 어긋나면, 그 자리에서 곧장 물집이 생겨날 테니까. 훈련 때처럼 밤마다 발에 크림을 바르는 호사를 누릴 순 없었다. 지친 몸으로는 그마저도 힘겨웠다. 조금이라도 무게를 덜기 위해, 출발 전 호텔에서 발 크림까지 배낭에서 빼 놓았으니 후회는 없다.

"Stage 1 Complete!!"

라고 외치며 메리를 꽉 껴안았다. 먼지를 뒤집어쓰고 땀 범벅이 된 얼굴이었지만, 이 순간만큼은 기쁨이 온몸을 타고 올라왔다. 시작이 반이라는 말처럼, 첫 관문을 넘었다는 사실만으로도 어깨가 한결 가벼워졌다. 하루의 레이스를 무사히 마쳤을 뿐인데도, 마치 커다란 산을 하나 넘은 기분이었다. 이런 뿌듯함과 함께라면, 조금 더 멀리 갈 수 있을 것 같았다.

4장
끝없는 모래의 세계

사막에서 발휘되는 생존 본능

6월 24일(월)

캠프 주변에서 부스럭대는 소리가 나더니, 참가자들은 이미 서둘러 장비를 정리하고 있었다. 누군가는 조깅으로 몸을 풀고 있었고, 물집을 짜내거나 진통제를 삼키는 사람들도 보였다. 심한 물집으로 힘들어하는 이들이 불안한 얼굴로 주저앉아 신발끈을 매만지고 있었다.

그 모습을 보며 속으로 다짐했다.

"내 목표는 완주. 오버페이스하다간 끝을 못 본다. 나만의 페이스를 고수하자."

어젯밤은 유난히 추웠다. 침낭 속인데도 한기가 뼛속까지 파고들어, 잠을 제대로 이룰 수가 없었다. 몸을 최대한 웅크려도, 찬 공기가 구멍을 찾아 끈질기게 스며들었다. '이러다 정말 얼어 죽는 거 아닐까?' 하는 생각에 배낭을 뒤졌다. 거기서 서바이벌 비비백(survival bivvy)를 찾아냈다.

"이 안에 침낭을 넣으면 좀 낫겠지?"

비비백 속에 침낭을 통째로 끼워 넣고 다시 몸을 우겨 넣었다. 확실히 이전보다는 따뜻했다.
'이제야 살겠다.'는 안도의 한숨을 쉬고 잠이 들었는데, 아침이 되자 또 다른 문제가 생겼다. 비비백 안팎의 온도 차로 인해 습기가 응결되어 침낭이 흠뻑 젖어 버린 것이다. 축축하게 젖어버린 침낭, 그리고 큼큼한 냄새. 옷까지 눅눅해져서 당장 어떻게 말려야 할지 막막해졌다.

얼어붙지 않기 위해

이 젖은 침낭을 그냥 배낭에 넣어버리면, 오늘 밤 또다시 똑같은 추위와 맞닥뜨리게 될 것이 분명했다. 도저히 그냥 둘 수 없었다. 캠프 밖으로 나가 불가에 말려 볼까 했지만, 장작불 가까이 접근하는 것 자체가 겁이 났다. 불똥이라도 하나 튀어 침낭에 구멍이 생기면 남은 5일 동안 얼어 죽을지도 모른다.

결국 내가 택한 방법은 '배낭에 침낭을 매단 채 달리기'였다. 모래바람 부는 한가운데서, 배낭에 침낭을 덜렁덜렁 매달고 뛰어가는 내 모습이라니. 상상만 해도 우스꽝스럽지만, 그만큼 간절했다. 초원의 거친 바람이 침낭을 흔들며 말려 주리라 믿고 싶었다.

땡볕 아래, 바람에 펄럭이는 침낭을 뒤로 한 채 한 걸음씩 내디뎠다. 모습은 어딘가 우스꽝스럽고 무모해 보였지만, 그래도 이 방법을 떠올린 내가 왠지 모르게 대견했다.

"이 레이스에서 또 어떤 변수가 기다리고 있을까?"

유목민의 황야

끝없는 초원 위로, 하늘과 맞닿을 듯한 평지가 펼쳐졌다. 이 광활한 대지는 사막이라고 부르기엔 믿기지 않을 만큼 푸르렀다. 초원 위의 풀들 사이로, 강렬한 태양과 거센 바람만이 묵묵히 우리의 동반자가 되어주었다.

출발 후 10km 지점까지는 평탄한 초원길이었다. 그런데 갑자기 발목 주변이 따끔거리고 가려웠다. '벌레에 물렸나?' 멈출 여유는 없었다. 한 걸음씩 옮길수록 통증은 점점 강해졌다. 걷는 동안 온 신경이 발목에 쏠렸다. 나중에야 이유를 알

앉다. 가시풀이었다. 작고 날카로운 가시들이 신발과 발목 곳곳에 박혀 있었다. 손으로 털어 보았지만 오히려 더 깊숙이 파고들 뿐이었다. 그래도 멈출 수는 없어 고통을 참으며 계속 걸었다.

초원 한가운데를 지나다 보니, 군데군데 하얗고 둥근 게르가 보였다. 몽골의 유목민들이 사는 집이었다. 유목민들이 우리의 행렬을 보며 손을 흔들었다. 경계하거나 불편해하는 기색은 전혀 없었다. 그저 낯선 여행자들을 신기하게 바라보는 듯한 평화로운 눈빛이었다. 아이들은 호기심 가득한 표정으로 달려왔고, 어른들은 멀찍이서 웃으며 손을 흔들었다.

문명이 들어서지 않은 사막과 초원은 정복해야 할 빈 땅이 아니었다. 다른 방식의 삶이 존재하는 땅일 뿐이었다. 낮에는 태양이 모든 것을 태우고, 밤에는 뼛속까지 파고드는 추위가 찾아오는 곳. 물 한 모금조차 쉽게 얻을 수 없는 척박한 환경 속에서, 유목민들은 자신들만의 삶을 살아간다.

CP1 (체크포인트 1) - 10.5km

첫 번째 체크포인트에서 간단히 물을 보충하고 숨을 돌렸다. 하지만 곧 태양이 뿜어내는 열기가 대지를 달구며, 몸속까지 뜨거워지기 시작했다.

CP2 (체크포인트 2) - 22.3km

두 번째 체크포인트에 도착하니 많은 참가자들이 지친 얼굴로 쉬고 있었다. 나 역시 숨이 찼지만, 아직 몸 안에 힘이 남아 있었다. 잠시 스트레칭을 하고 다시 출발했다. 세계 각국의 사람들과 견주어도 나는 크게 뒤지지 않았다. 내 안에 생각보다 더 강한 힘이 있다는 걸 처음 알았다.

끝없는 모래의 세계

"역시 나는 대한민국의 아줌마다."

CP3 (체크포인트 3) - 34.8km

세 번째 체크포인트를 지날 즈음 강한 맞바람이 불기 시작했다. 어느 방향을 봐도 그림자 하나 없이 펼쳐진 광활한 초원. 뜨거운 태양과 싸우며 걷는 것만도 힘든데, 설상가상으로 눈을 뜨기 어려울 정도의 거센 바람이었다. 이대로 뒤로 밀려가지는 않을까 싶었지만, 한편으론 그 바람 덕에 땀이 말라 시원했다. 내 몸을 공중으로 띄워 버릴 만큼 거세지 않다면, 바람은 축복이었다.

결승선까지 남은 거리 - 10.3km

마지막 10km는 말 그대로 지옥이었다. 발걸음은 점점 무거워졌고, 발바닥에 생긴 물집들이 느껴지기 시작했다. 끝이 보이지 않는 길은 마음을 더욱 힘들게 했다. 오로지 '조금만 더 가면 된다'는 생각으로 버텼다. 마지막 언덕을 넘어 멀리 결승선을 알리는 깃발이 보였을 때, 나는 남은 힘을 모두 끌어모아 마지막 100m를 질주했다.

Stage 2 완료 후

이번 캠프는 텐트 대신 게르였다. 하지만 상태가 좋지 않은 낡고 찢어진 게르였다. 잠시 누웠는데 숨어있던 벌레들이 여기저기서 내 몸 위로 기어올라왔다. 떼어내서 바닥에 내려놔도 계속 꼬물꼬물 올라왔다. 개똥벌레다. 한국이었다면, 놀라 기절이라도 할 지경이겠지만, 몸이 힘드니, 이런 벌레들이 내 몸을 등반하는 정도는 대수롭지 않게 여겼다.

그래도 게르가 텐트보다 나은 점이 있었다. 둥근 형태라서 각자가 원하는 방향대로 누울 수 있고, 조금 더 넓었다.

도착하자마자 신발을 벗으니 발에 커다란 물집 세 개가 보였다. 생각보다 상태가 심각했다. 이대로 두었다가는 남은 레이스 내내 고생할 게 분명했다. 서둘러 메디컬 텐트로 갔다. 이미 다른 참가자들로 가득 차 있었다. 발을 올려둘 받침대조차 남아 있지 않았다. 당황한 내게 의사가 웃으며 말했다.

"그냥 제 무릎 위에 올리세요."

나는 화들짝 놀라며 말했다.

"안 돼요! 제 발 냄새가 얼마나 심한데요!"

그는 웃으며 내 발을 잡아 끌었다.

"괜찮아요. 냄새 별로 안 나네요. 이 정도면 아주 양호한 편이에요."

결국, 나는 그의 무릎 위에 발을 조심스럽게 올렸다. 그는 차분하게 바늘을 꺼내 물집을 터뜨리기 시작했다. 찌릿한 고통이 온몸을 타고 올라왔다.
'으악!' 소리가 절로 나왔지만, 나는 이내 입술을 깨물었다. 그 친절한 의사에게 내가 할 수 있는 유일한 배려는 비명을 참는 것뿐이었다. 어찌어찌 물집 치료를 마친 후에야, 나는 몸을 기댔다.

"해냈다. 두 번째 스테이지도 무사히 끝냈다."

어처구니없이 침낭을 매달고 달린 오늘의 내 모습, 가시풀에 찔린 발목, 물집을 터뜨리는 고통까지. 매일 황야는 새로운 숙제를 내어준다. 하지만 그것들을 하나씩 해결해 나갔다. 황야는 고난으로 질문했고, 나는 어떻게든 움직이며 답을 찾았다.

캠프 밖, 별이 하나둘 떠올랐다. 황야는 별들로 내가 찾은 답에 화답해 주었다.

길을 위한 기도

6월 25일(화)

다리를 욱신거리게 했던 물집을 조심스레 만져 보았다. 의료팀이 붙여 준 테이프 덕분에 크게 아프진 않았지만, 신발 속에서는 여전히 이물감이 느껴졌다. 오늘은 모래 언덕과 강을 건너야 하는 코스라 걱정이 앞섰다.

오전 8시, 레이스가 시작되자마자 펼쳐진 건 '정말 여기까지 와 버렸구나.' 싶을 만큼 가파른 돌산이었다. 게르 마을 뒤로 우뚝 솟은 산세에 땅에 그림자가 졌다. 사실 브리핑과 영상으로 대략 알고는 있었지만, 영어 설명을 제대로 이해 못한 덕에 이토록 험난한 길인 줄은 몰랐다.

"모르면 용감해진다."

어쩌면 내가 여기에 온 것도 그것 때문일지 모른다. 코스가 얼마나 힘든지 미리 알았더라면, 애초에 참가를 포기할 핑계를 찾았을 수도 있다. 무작정 '하면 된다'는 생각 하나로 발을 내디뎠고, 그 대가를 지금 치르고 있다. 늘 100%가 아닌, 20%만 준비되면 도전했으니까.

돌산 오르기

바위산은 거의 수직처럼 보였다. 험한 경사와 날카로운 돌조각들이 벽을 이룬 채 눈앞에 펼쳐졌다. 서로 간격 없이 100여 명의 참가자들이 한꺼번에 기어오르느라 미끄러진 자갈과 돌덩이가 사방으로 굴러 떨어졌다. 위에서 돌이 쏟아지고 아래는 낭떠러지.

"이럴 줄 알았으면 좀 더 앞에서 출발할 걸…."

후회는 늦었다. 돌산의 한가운데서, 두려움에 몸을 잔뜩 낮추고 앞사람을 따라야 할 뿐이었다. 한국에서는 상상하기 힘든 위험천만한 장면이지만, 지금 마주한 현실이었다. 어떻게든 이겨내야 했다. 숨을 몰아쉬며 마지막 돌부리를 잡고 정상에 올랐다.

  아득히 내려다보이는 끝없는 초원과 사막, 지평선 너머로 드넓게 펼쳐진 대지가 어느새 눈을 가득 채웠다. 돌산 주변에는 아무것도 없었는데 그 위에 내가 섰다. 손을 뻗으면 닿을 듯한 하늘. 우주 어디쯤을 밟고 있는 듯했다. 몽골의 사막 한가운데에서, 낯선 자유와 머리가 간질간질해지는 해방감을 맛보았다.

  가파른 경사를 내려오자, 깊은 산 골짜기에 고요히 서 있는 작은 사원이 눈에 들어왔다. 사원 내부는 붉고 푸른 비단 장식이 마치 보석처럼 빛나고 있었다. 몽골 전통 불교 사원, 숨(Süm)이라고 했다. 오래된 벽화와 불상이 고즈넉하게 세월을 지키고 있는 곳. 입구에는 전통 복장을 입은 할머니와 손자로 보이는 아이가 서 있었다. 그들은 낯선 우리를 물끄러미 바라보다가, 이내 잔잔한 미소로 맞아 주었다.

  스태프는 낮은 목소리로 속삭였다.

  "조용히 기도하면 됩니다."

  나는 사원 내부로 들어갔다. 은은한 향 냄새가 공기 속에

퍼져 있었고, 그 고요함은 격렬하게 뛰던 심장을 살포시 감싸 주었다.

수도승들이 머물며 기도하는 이곳은 대자연과 인간이 교감하는 통로였다. 나는 가만히 두 손을 모았다.

"부디, 나의 길을 지켜 주소서."

걸음은 여전히 작고 느렸지만, 기도를 마친 후 한 번 더 신발끈을 단단히 동여맸다.

끝없는 모래 언덕

진짜 사막이 시작되었다.

거대한 모래 바다가 끝도 없이 펼쳐졌다. 남쪽으로는 붉은 언덕들이 지평선을 삼켰고, 동서로도 멈추지 않고 이어졌다. 언덕과 골이 파도처럼 물결치기에, '걸어간다'는 말은 좀처럼 성립되지 않았다. 한 발을 내디딜 때마다 모래에 푹 빠져들었고, 사방에서 불어오는 뜨거운 바람이 화염처럼 얼굴을 때렸다.

걸어도 걸어도 끝이 없는 모래 언덕 위에서, 수백 번이나 "이젠 정말 그만둘까?" 생각했다. 분명 출발선에선 100여 명이나 앞뒤에 있었는데, 주변을 둘러봐도 어느새 아무도 보이지 않았다. 끝없는 지평선 위에 오직 나 혼자뿐. 혹시 반대 방향으로 가고 있는 건 아닐까, 조바심에 트래커의 비상벨을 누르고 싶어 손이 덜덜 떨렸다.

"이대로 불타 죽는다면? 모래에 묻혀 누구도 날 못 찾는다면?"

머릿속에 온갖 불안이 스쳐 갔다. 그럼에도, 드문드문 보이는 핑크색 리본을 좇아 조금씩 앞으로 나아갔다.
그런데도 이 사막에는 의외의 생명력이 숨 쉬고 있었다. 뜨거운 태양 아래에서 살아남은 풀과 덤불들이, 마치 '이곳도 살아 있는 땅'임을 증명이라도 하듯 푸른빛을 내고 있었다.

CP2 (체크포인트 2) - 24.6km
사막의 모래는 생각보다 훨씬 깊었고, 한 걸음마다 발목, 때로는 무릎까지 빠졌다. 평소엔 시속 6km로 걸을 수 있던 내

가 이곳에서는 3km조차 벅찼다.

울트라마라톤 선수자 유지성 씨에게 배웠던 '모래 위 걷는 법'을 잊지 않고 떠올렸다. 무게중심을 약간 뒤로 두고, 짧고 빠르게 발을 옮기면 조금이나마 모래 속으로 덜 빠진다 했다. 어설프게 발을 디디면 허벅지까지 빠지기 일쑤다.

맹렬해지는 햇볕 아래서 내 체력은 빠르게 소진되고 있었다.

문득, 이 위험천만한 레이스에 나를 초대한 메리와 앨레스 띠어가 미워졌다. '대체 왜 나 같은 하룻강아지를 불구덩이 한가운데 내던졌을까?' 어쩌면 그들은 내가 강할 거라 믿었고, 사실은 나 스스로가 '강한 척' 해온 건 아니었을까.

CP1 이후 계속 혼자였다. 사방은 모래뿐이고, 아무도 눈에 띄지 않았다. 다른 사람들은 혹시 이 불타는 모래 위를 구름 타듯이 날아다니는 걸까? 나는 느릿하게 발을 옮기는 수밖에 없었다.

CP3 (체크포인트 3) - 34.1km

다리 근육은 경직되고, 물집이 터져 통증이 극심해졌으며, 온몸의 에너지는 고갈된 상태였다. 하지만 저 멀리 CP3의 깃발이 보였다. 길을 잃은 건 아니라는 안도감이 밀려왔다. 10분 정도 쉬며 전해질을 보충하고, 작은 에너지 젤을 삼켰다. 이젠 남은 힘을 쥐어짜 마지막 캠프를 향해 나아가야 한다.

이미 모든 에너지를 다 써버린 상태에서 속도를 내는 건 쉽지 않았다. 어느 순간 둥둥둥 북소리가 들려왔다. 결승선이 눈보다 귀에 먼저 들어왔다. 몽롱한 정신 속에서도 마지막 200m를 향해 힘껏 달렸다.

"이제 또 하루가 더 지났을 뿐. 내일은 또 다른 전쟁이 날 기다리겠지."

끝없는 모래의 세계

사막 한가운데서의 허기

레이스가 시작된 뒤로는 거의 밥을 먹지 못했다. 훈련할 땐 '먹는 것도 훈련'이라며 동결건조 식품을 꾸준히 섭취했는데, 막상 이곳에선 한 숟갈도 삼킬 수 없었다. 힘겹게 가져온 음식들이 배낭에 절반 이상 그대로 남았다. 그렇다고 계속 지고 갈 수도 없으니, 결국 버려야 했다. 자급자족 울트라마라톤의 현실—배낭은 가벼워지지만, 몸은 점점 무거워지는 아이러니.

캠프에 돌아오니 남편이 보였다. 나는 울먹이며 "3일째 물만 마셨다"며 컵라면 하나만 달라고 애원했다. 그러나 남편은 냉정하게 "규정 위반"이라며 거절했다. 그리고 무심히 돌아섰다. 참았던 눈물이 왈칵 쏟아졌다.

'내가 왜 우는 걸까? 남편의 태도가 서러워서? 배가 고파서? 아니면 그냥 모든 게 서러워서?'

그날 밤, 나는 배낭에 남은 동결건조 비빔밥을 힘겹게 꺼냈다. 뜨거운 물을 부어 푹 불린 뒤 한 숟갈 떴지만, 입안 가득 모래 맛이 느껴져 도저히 삼킬 수 없었다. 텐트 안도 모래, 숨을 쉬어도 모래, 옷까지 모래투성이였다.

한참을 버티다 결국 모래 위에 누웠는데, 신기하게도 내 침대만큼 푹신했다. 그래도 이상하게 잠이 오지 않았다. 사막의 밤하늘에 별이 수놓아져 있었지만, 지금 내게 가장 간절한 건 작은 컵라면 하나였다.

롱마치

Stage 4 (총 80km, 소요 시간: 24시간 29분 35초)

6월 26일(수)~27일(목)

이번 대회의 가장 길고 험난한 구간인 롱 마치(Long March)가 시작되었다. 80km라는 거리도 거리지만, 낮부터 밤까지 이어 달려야 한다는 점이 심장을 더욱 조이게 했다.

참가자들은 대부분 "진짜 레이스는 오늘부터"라고 말했다. 이미 몸은 한계를 훌쩍 넘었고, 깊어진 물집과 극심한 피로가 쌓였지만, 해야할 일은 단순하다. 앞으로 나아가는 일. 단지 거리가 길어졌을 뿐.

지난 밤도 제대로 잠을 이루지 못했다. 몸의 에너지는 거의 바닥났고, 아침부터 자꾸만 구역질이 올라왔다. 억지로 동결건조 비빔밥을 물에 불려 한 숟가락 떠봤지만, 목구멍은 끝내 삼키기조차 허락하지 않았다.

"오늘은 정신력으로 버텨야 하는 날이구나."

솔직히 자신이 없었다. 체력이 바닥나니 정신력도 완전히 고갈된 상태였다. 떠밀리듯 출발선에 서니, 머릿속은 텅 빈 듯 어지럽고 다리는 기계처럼 움직였다. 바로 그때, 한국 해병대 정 상사님이 다가왔다.

"이 패치, 붙이면 두세 시간 뒤에 힘이 날 거예요. 롱 마치 잘 하고, 다음 캠프에서 봅시다."

손에 쥐어진 에너지 패치를 배낭에 대충 구겨 넣으며, 나는 마음속으로 작게 한숨을 쉬었다. 그 패치가 어느 정도 도움이 될지는 몰랐다.

상위권 선수들은 8시간 이내에 캠프에 도달할 거라고 했다. 나는 그런 속도를 상상조차 하기 어려웠다. 그저 15~20시간을 예측하며, '포기자'가 속출한다는 말을 새기면서 걷기 시작했다.

겨우 CP1에 도착했을 뿐인데, 나는 이미 기운이 다 빠져 있었다. 정 상사가 건네준 에너지 패치를 팔에 붙이고, 터덜터덜 걷던 나는 포기할 시점을 고민하고 있었다. 그때 싱가포르에서 온 잉카이(Yingkai), 게리(Gary), 윈스턴(Winston) 세 사람이 지나갔다.

혼자 걷는 것이 외롭고 불안했던 나는, 포기할까 했던 생각을 잠시 접어두고, 잠시라도 외롭지 않기 위해 먼저 인사를 건넸다. 그리고 잠시 망설이다가, 용기를 내어 말했다.

"함께 가도 될까요?"

그들은 흔쾌히 환영해 주었고, 곧 말레이시아에서 온 알렉스(Alex)와 이 대회 유일한 20대 여성, 한국인 우영 씨도 합류했다. 그렇게 우리는 '팀 아시아(Team Asia)'가 되었다.

그 날의 태양은 유난히 독했다. 머리 위로 내려쬐는 열기에 정신이 아득해질 즈음, 잉카이가 내 목덜미에 물을 뿌려 주었다. 그는 싱가포르에서 소방관으로 일하고 있었고, 등에 평소보다 더 많은 물통을 짊어지고 왔다. 2023년 고비 마치에서 그는 이 구간에서 포기한 적이 있었기에, 이번에는 '동료들의 체온이라도 식혀 주겠다.'며 물통을 메고 왔단다.

그는 속도가 중요하지 않다고 했다. 중요한 건 함께 가는 것이라고. 잠시 쉬어 갈 때마다, 잉카이는 마치 소방호스처럼 내 머리 위에 물을 뿌려 주었다. 나는 난색을 표했다.

"이 귀한 물을 제 머리에 쓰면 어떡해요. 사막 한가운데서…."

아깝다고 생각했지만, 잉카이는 싱긋 웃으며 물을 더 뿌렸다. 이내 나는 잉카이의 물세례를 받아들이기로 했다. 그의 물 한 방울이 내 목덜미를 타고 흐를 때마다, 이 작열하는 사막에서 내가 조금은 살아나는 느낌이 들었다. 지친 몸에 한 줌의 생기를 북돋아 주는 물, 그가 힘겹게 짊어져 온 그 무게가 나를 살리는 셈이었다.

한 걸음을 더 내디딜 수 있었던 이유

정말, 한 발자국도 더 못 나갈 것 같았다. 머릿속이 핑 돌고, 다리는 돌덩이처럼 굳어 갔다. 그때 싱가포르의 윈스턴이 물통을 내밀었다.

"이거 한 모금 마셔봐."

싱가포르 특유의 커피 믹스, 우리나라 맥심 커피보다도 훨씬 달고 진했다. 윈스턴이 자신이 빨던 빨대를 살짝 내밀었는데, 이 정도 상황에선 위생 따위를 따질 겨를이 없었다. 나는 조심스럽게 한 모금 들이켰다. 달고 묵직한 커피 맛이 온몸으로 퍼지는 느낌이 들었다.

오르막은 여전히 끝나지 않았다. 커피 덕분에 조금 기운이 돌아왔지만, 몸은 점점 더 무거워졌고, 시야가 흐려졌다. 한계였다.

그 때 우영 씨가 배낭에서 큼직한 말린 망고를 꺼내 내 손에 쥐어 주었다. 입에 넣자, 두툼한 망고 조각이 사르르 녹으며 달콤한 과즙이 메마른 혀끝을 적셨다. 망고 덕분에 다시 한 걸음 내디딜 수 있었다.

우영씨는 다른 사람에 비해 큰 산악 배낭을 메고 다녔다. 그제야 알았다. 우영 씨가 왜 저렇게 큰 배낭을 메고 왔는지. 무려 15kg 가까이 되는 배낭 안에 과일까지 챙겨 온 것이다. 그녀는 27살의 귀엽고 사랑스러운 일러스트 디자이너이다. 대학 시절 산악 동아리 활동으로 무거운 배낭에 단련되어 있었다. 자신에게 여유 있는 사람은 남에게도 여유롭다. 그녀는 그 귀한 망고를 아낌없이 나에게 건네주었다.

사막에서 우유 한 잔의 갈망

 발걸음을 옮길 힘조차 허공에 흩어져 버린 듯했다. 멀리 먼지 바람 사이로 제법 큰 게르가 모습을 드러냈다. 게르 앞에서 한 아주머니는 염소 젖을 짜고 있었다. 순간, 온몸에서 '우유를 마시고 싶다.'는 갈망이 솟구쳤다. 따뜻한 염소 젖이 한 방울, 한 방울 떨어지는 장면을 지켜보며, 나는 발걸음을 멈추고 있었다.

 '이 우유를 딱 한 컵만이라도 마실 수 있다면….' 그 마음이 너무 간절하여, 배낭을 뒤졌다. 어찌어찌 남겨 둔 몽골 화폐

10만 투그릭이 나왔다. 이 돈을 건네면 혹시 따끈한 우유 한 잔을 마실 수 있지 않을까, 잠시 상상에 빠져들었다.

'게르 안으로 들어가 따뜻한 우유를 건네받아 마시며, 피로를 싹 달랠 수 있다면 어떨까?' 그 장면을 머릿속에서 오래도록 그려 보았다. 하지만 결국, 나는 아무 말도 건네지 못하고 발길을 돌려야 했다. 레이스는 계속되어야 했고, 끝나려면 아직도 멀었다.

한국에 돌아온 뒤, 나는 매일같이 우유를 마셨다. 하루 1L씩, 어떤 날은 2L도 거뜬히 넘기기도 했다. 예전에는 우유만 마시면 속이 불편해졌는데, 사막 레이스를 다녀온 후부터 마치 내 몸이 우유를 받아들일 준비가 된 듯했다. 몸속 어딘가에서 우유 단백질을 분해하는 효소가 폭발적으로 생성된 느낌이었다. 마른 스펀지가 물을 흡수하듯, 우유는 스르륵 내 몸속으로 스며들었다.

딸아이는 신기해한다.

"엄마, 이럴 수도 있어? 직접 보고도 안 믿겨!"
"몸은 스스로 적응하는 법을 아는 것 같아."

체험하지 않았더라면 영영 몰랐을 일이다. 우유 한 잔을 마실 때마다 몽골의 바람과 게르의 풍경, 그리고 갈증마저 떠오른다.

뜨거운 콜라

CP5를 막 지나치자, 말레이시아인 변호사 알렉스는 결국 포기 선언을 했다. 발가락에 고름이 가득 차서 의사가 물집을 터뜨리고 고름을 제거해 주었지만, 더 이상 길을 계속 갈 자신이 없어 보였다. 그 의사는

"아직은 뛸 수 있어요. 포기하지 마세요."

라고 설득했지만, 알렉스는 다가올 더 큰 고통을 예감한

듯, 여기가 멈출 지점이라 판단했다. 그녀는 쉽게 포기를 결정한 것이 아니었다. 이미 온몸으로 불안과 통증을 견디며 고민한 뒤 내린 결론이었으니 이해하지 못할 것은 아니었다.

의사는 알렉스를 붙잡으려는 듯, 배낭 깊숙이에서 햇볕에 데워진 콜라 한 캔을 꺼내 그녀에게 건넸다. 그리고 '팀 아시아' 모두와 함께 한 모금씩 나누어 마셨다. 지칠 대로 지친 몸으로 몽골 초원의 언덕 위에 서서 마시는 달달하고 뜨거운 콜라 한 모금, 그건 작지만 확실한 기적이었다. 알렉스는 잠시 고민했고, 결국 포기를 철회했다.

오버나이트

밤 12시 무렵, 우리는 오버나이트 체크포인트인 CP6, 작은 도시의 학교 체육관에 도착했다. 뜨거운 물이 제공되어 누군가는 밥을 먹고, 누군가는 침낭을 깔고 쪽잠을 청하고 있었다.

나는 피곤함에도 불구하고, 혹시나 내가 잠들어 버려 팀 아시아가 나를 두고 떠나진 않을까 걱정이 컸다. 사실, 그들이 언제든 내가 그들의 완주에 걸림돌이 된다고 느껴 나를 떼어 놓고 간다 해도, 나는 그들을 원망할 수 없었다. 그렇지만 간

절히 바랐다. '제발 함께 갈 수 있게 해 달라.'

잉카이에게 살짝 다가가 물었다.

"언제 출발해? 계속 같이 가도 될까?"
"물론이지. 2시간 뒤에 떠나자."

망설임 없이 그는 대답했다. 얼마나 반갑고 고마웠는지 모른다.

새벽 2시, 깜깜한 밤길

새벽 2시에 체육관 밖으로 나서자, 어둠이 온 세상을 삼킨 듯 아무것도 보이지 않았다. 머리에 쓴 랜턴 불빛이 유일한 길잡이였다.

한창 달리는 밤중에는 어둠에 비바람까지 섞여 방향조차 분간하기 어려웠다. 헤드랜턴을 켜면 온갖 벌레가 몰려들어 눈을 뜨기도 힘들었다. 핑크색 리본은 희미하게만 보이고, 간간이 꽂힌 야광봉을 더듬으며 겨우 길을 찾았다.

'혹시나 혼자 뒤처지면 몽골 초원에서 길을 잃어버릴지도 몰라. 야생마나 늑대가 나타나면 어쩌지?' 온갖 공포가 몰려왔다. 하지만 다행히도 야생마 무리는 우리를 습격하지 않았고, 늑대 역시 나타나지 않았다.

곧 도시를 벗어나 초원의 언덕으로 들어서자, 강한 바람이 몸을 휩쓸 듯 몰아쳤다. 길을 구분할 수 없었다. 어디가 길인지, 웅덩이인지…. 눈을 뜨기 어려울 만큼 바람이 세더니, 얼마 지나지 않아 빗방울까지 떨어지기 시작했다.

바람에 실려 온 모래가 빗줄기와 섞여 얼굴을 마구 때렸다. 서둘러 방수 점퍼를 꺼내 입었으나, 그새 빗줄기는 더 굵어졌다. 우비까지 꺼내 입고 배낭을 단단히 매는 사이, 팀 아시아와 거리가 벌어졌다.

나는 미친 듯이 달렸다. '이대로 떨어지면 혼자가 된다. 그럼 정말 길을 잃고 만다.' 온 힘을 다해 뛰었다.

"다음에는 기다려 달라고 외쳐!"

잉카이의 말을 들었지만, 그럴 수가 없었다. 내가 느려서 그들의 페이스를 망칠 수는 없으니까. 절대 그럴 수 없다.

팀 아시아 선수간 점점 속도를 맞추기 어려워지자, 잉카이가 제안했다.

"3명씩 나누자. 이대로 가면 다 실격될 수도 있어."

게리의 발 상태는 심각했다. 물집이 터져 고통스러워했고, 알렉스도 여전히 불안정해 보였다. 결국 팀을 둘로 나누게 되었다. 윈스턴, 나, 우영은 함께 걷고, 잉카이는 게리와 알렉스를 데리고 잠시 쉬어 가기로 했다.

전쟁 영화 한 장면 속에 들어온 듯했다. "너희 먼저 가라, 우린 뒤따를게."라는 잉카이의 말이, 마치 "너희라도 살아남아야 한다."는 외침 같았다. '이대로 그들을 두고 떠나는 게 맞을까?' 마음이 울컥했고, 선뜻 발을 떼지 못했다.

가끔은, 끝까지 함께하고 싶다는 간절한 마음, 그러니까 선의가 오히려 상황을 더 어렵게 만들기도 한다. 모든 사람이 함께 힘든 순간을 이겨내야 한다고 말하지만, 때로는 냉정한 결단이 필요하다. 잘못된 선택은 모두의 실패로 이어질 수 있기 때문이다. 냉정해야 하는 걸 알면서도, 선의가 내 발을 붙잡고 놓아주지 않았다. 결국, 멀어지는 동료들을 뒤로하고 발을 뗐다. 그들의 어슴푸레한 모습이 어둠 속으로 사라질 때까지, 차마 뒤를 돌아보지 못했다. 선의가 다시 발목을 잡을까 봐.

추위

새벽 동안 기온은 뚝 떨어져 0도 근처로 내려갔고, CP7 언덕 꼭대기에 도착했을 땐 영하 3도까지 내려갔다. 비가 우박으로 바뀌어 머리를 마구 때렸다.

이곳은 롱마치 구간에서 가장 외로운 체크포인트였다. 봉사자들과 의료진이 10시간 넘게 추위를 견디며 기다리고 있었다. 스태프 죠(Jo)는 지칠 대로 지쳐 있었다. 70km를 걸어온 나보다 더 힘든 표정이었다. 뜨거운 태양 아래 수많은 참가자를 돌보는 일에, 얼굴이 시뻘겋게 타올랐다가 이제는 새하얗게 얼어붙어 가고 있었다.

CP7에서 해맞이를 기대했지만, 구름과 남은 빗줄기 때문에 태양은 보이지 않았다. 다행히 비는 곧 그쳤고, 우리는 다시 길을 재촉해야 했다. 사막의 날씨는 정말 변덕이 심했다.

윈스턴이 말했다.

"이제 혼자 갈 수 있겠지? 나는 뒤에 오는 친구들을 기다려야 해."

우영은 먼저 출발했고, 나는 잉카이를 기다리고 싶었지만 윈스턴이 덧붙인 말에 마음이 흔들렸다.

"여기서 더 오래 머무르면 컷 오프 시간에 늦을 수 있어."

결국 혼자 길을 나섰다. 그렇게 또 한 번, 함께하고 싶던 마음을 뒤로한 채 길을 이어가야 했다.

남편의 마음

남편은 봉사자로 첫 번째 체크포인트와 최종 목적지인 캠프5에 배정되었다. 비바람이 몰아치는 밤에 내가 어딘가에서 쓰러진 건 아닐까 노심초사하며, 메리가 보여 준 GPS 트래커 화면으로 간신히 마음을 달랬다고 했다. 밤 12시가 지나고 새벽 3시, 4시, 5시까지도 내가 나타나지 않자, 남편은 계속 캠프 입구를 지키며 초조하게 기다렸다. 내가 캠프에 도착했을 때, 메리가 말했다.

"너 남편 밤새 걱정했어. 얼른 가서 안아 줘."

하지만, 남편이 첫 마디를 건넸다.

"왜 이제 와?"

나는 순간 머리가 띵했다. 죽을 고비를 넘기고 살아 돌아왔는데, 첫 말이 '왜 이제 오냐?'라니. 완주의 기쁨도 잠시, 화가 치밀어 올랐다.

"대체 무슨 소리야? 나 진짜 죽을 뻔했어! 여기까지 살아온 게 기적이라고!"

속에서 분노가 끓어오르는 순간, 플래시 불빛이 번쩍였다. 주최 측의 카메라와 여러 취재진이 나를 둘러싸고 있었다. 남편은 당황한 얼굴로 눈치를 살폈고, 곧 억지 미소를 띠며

"도전하고 성취한 뒤엔 기쁨을 말해야지~!"

멋쩍게 말했다.

나 역시 그 분위기에 묻혀,

"음… 힘들었지만, 그래도 해냈어. 멋진 경험이었어!"

하고 웃어 보였다. 주변에서 박수와 함께 웃음이 터져 나왔다. 그도 밤새 애타게 기다리며 얼마나 마음을 졸였을지 짐작이 갔다. 나중에 들어보니 새벽 3시가 지나 봉사자들도 하나둘씩 자리 들어갈 때, 메리와 남편만 캠프의 입구를 지켰다고 했다. 아주 가끔씩 들어오는 선수들을 환영해 주며, 내가 언제 들어올까 기다렸다고 한다. 멀리서 누군가 보일 때마다 나인줄 알고 달려나갔다가, 아니라는 걸 알고는 실망하며 돌아왔다고 했다. 지친 선수들을 반갑게 맞이하면서도, 초조한 마음은 끝내 감추지 못했다고 한다. 일회용 비닐 우의 하나 걸치고 비바람이 치는 혹독한 몽골의 밤을 걸어낸다는 게 얼마나 위험하고 힘든 일이었는지, 남편은 잘 알고 있었을 것이다.

메리는 뛰어와 나를 안았다.

"우리는 지난 1월 산티아고에서 만났어요. 그 인연으로 여기까지 왔습니다. 이 소중한 순간을 앨레스띠어에게 꼭 보여줘야 해요!"

메리는 촬영팀에게 이 장면을 앨레스띠어에게 보내야 한다며 사진 촬영을 부탁했다. 호주에 있는 앨레스띠어는 나의 울트라마라톤 코치이자 멘토, 그리고 마음 깊이 존경하는 스승이다. 이번 레이스 내내 그는 편지를 보내며 나를 응원했다.

만약 그가 없었다면, 난 이 세상에 '고비 마치'라는 대회가 있는 줄조차 몰랐을 것이고, 내 한계를 뛰어넘는 이런 체험도, 성취감도 없었을 것이다. 대부분의 사람들은 이미 도착해

편히 쉬고, 밤 사이 폭우를 피한 채 따뜻한 텐트에서 아침을 맞았다. 하지만 나는 24시간 29분 35초의 기록으로 겨우 완주하고 나니, 온몸이 굳어 버렸다. 웃고 싶었지만, 얼굴 근육이 경직돼 이상한 표정만 지어질 뿐이었다.

그럼에도 나는 이 성공이 분명, 내 인생의 전환점이 될 거라는 확신이 들었다.

이번 롱 마치는 거의 실격에 가까운 기록이었고, 내 능력으로는 불가능에 가까운 레이스였다. 하지만 하늘의 도움, 그리고 함께해 준 친구들의 연대 덕분에 기적 같은 시간을 만들어 낼 수 있었다.

고된 밤이 지나고 캠프에 도착할 때까지, 나는 전신이 바람에 씻긴 낙엽처럼 흔들렸지만 쓰러지지 않았다. 만약 혼자였다면 분명 중간에 쓰러져 길을 잃었을 테다. 정현종 시인은 '사람들 사이에 섬이 있다.'고 했다. 사람들은 서로 떨어져 있지만, 그 사이를 잇는 무언가가 분명 존재한다. 우리는 그 '무언가'를 사막에서 함께 발견했다. 외롭고 고된 삶을 사는 사람들 사이에서 발현하는 연대. 같은 괴로움은 아니겠지만, 서로를 자신과 같은 처지라 여기며 감싼다. 인생은 누구에게나 외로운 순간을 선물한다. 사막 레이스에서도 우리는 각자 외로운 싸움을 이어갔지만, 함께였기에 외로움을 견디고, 결국 이겨낼 수 있었다.

컷오프

컷오프 타임이 10여 분밖에 남지 않은 상황… 얼마나 가슴 졸이며 그들을 기다렸는지 모른다.

잉카이와 게리, 그리고 알렉스는 온 힘을 다해 달려 가까스로 캠프에 도착했다. 박수와 환호, 안도의 한숨과 북받치는 기쁨이 뒤섞이며 캠프는 잠시 축제처럼 뜨겁게 들떴다.

화장실 규정

레이스 중에는 화장실 규정이 있다.

규정에 따르면, 코스에서 100미터 이상 벗어나야 하고, 사용한 화장지는 대회에서 제공한 봉투에 담아 캠프까지 가져가야 한다.

나는 지금까지 레이스 중 한 번도 소변을 본 적이 없다. 땀을 너무 많이 흘려서인지, 화장실을 찾을 일이 없었다. 늘 캠프에 도착한 후 운영진이 준비한 임시푸세식 화장실—땅을 파고 검은 천으로 벽을 만든 임시 화장실—을 이용해왔다. 한국의 옛 재래식 화장실 같았다.

서양인들도 이런 재래식 화장실을 쓸 수 있다는 사실에 놀랐다.

"이렇게 불편한 화장실을?"

하고 생각했지만, 어쩌면 모두들 이곳 사막 레이스에서 다양한 불편을 겪으며 적응하고 있는지도 모르겠다.

밤이 되어 화장실에 가려고 텐트 밖으로 나왔는데, 달빛이 어찌나 밝은지 눈이 부실 정도였다. 인적 없는 밤이지만,

'이 정도면 랜턴을 안 켜도 길이 보이겠는데?' 싶어 목에 걸려 있던 랜턴을 켰다가 곧 다시 껐다. 사막의 밤은, 달빛 하나로도 충분히 환했다. 나는 조용히 그 빛을 따라 걸었다.

그러나 화장실 근처에 다다르자, 문득 불안감이 몰려왔다. '재래식이니, 혹시 잘못 디뎠다간 변소에 빠지지 않을까?

결국 랜턴을 다시 켰다.

'이럴 땐 달빛보다 인공 불빛이 훨씬 안전하구나.' 그제야 마음이 놓였다.

나는 작은 불빛에 의지해 조심조심 걸었다. 인간의 기본적

인 욕구 앞에서는 국적도, 사회적 지위도, 나이도, 성별도 이 순간만큼은 아무 의미 없다. 특히나 우리가 만들어놓은 사회적 계층은 극한의 상황 앞에서 속절없이 녹아내렸다. 너와 나를 가르는 기준들이 모호해지고, 비로소 같은 인간의 면모가 드러났다.

치킨으로 시작된 인연

롱마치를 완주하면 하루를 쉰다. 하지만 완주 시간이 오래 걸릴수록 쉴 수 있는 시간은 줄어든다. 늦게 도착한 나에게 겨우 반나절이 주어졌다. 쉬는 동안, 선수들은 장작불 가에 모여 수다를 떨었다. 울트라마라톤 참가비며 장거리 비행, 일주일 이상 휴가까지 써 가며 이 먼 땅에 모인 이들은 누가 봐도 미친 사람들 같았다. 하지만 모두 환한 얼굴로 서로의 '미침'을 자랑하며 즐기고 있었다.

싱가포르의 잉카이, 발바닥의 물집으로 고생하던 게리, 기품 넘치는 산악 대장 윈스턴, 귀족 같은 용모와 매너로 나를 설레게 했던 브라질 출신 아서, 대만의 유튜버 채널 SALU의 운영자 에디슨, 유난히 긴 다리와 신사의 이미지로 빛나던 독일의 롤랜드, 정신력의 중요성을 강조하며 모든 이에게 영감을 준 71세의 덴마크 출신 이반 슈미트, 사랑이 넘치는 남아프리카 공화국의 웬디와 마크, 그리고 한국의 우영 씨… 다들 힘든 레이스 중에도 "마치고 맛있는 걸 먹자." "다음엔 또 다른 대회에 도전하자."며 왁자지껄 이야기했다.

무리 사이에서 한국 음식 이야기가 시작됐다. "한국 치킨이 최고야." "난 잡채가 맛있더라." 캠프 한가운데서 온갖 한국 음식 이야기가 꽃을 피우니, 영어·스페인어·불어가 뒤섞여 캠프 한가운데가 작은 파티장이 되었다.

그때, 한 남자가 조용히 끼어들었다.

"나 한국 자주 가. 너 한국의 어느 도시에 사니?"
"대구에 살아. 서울과 부산 중간쯤에 있는 도시야. 한국 와서 주로 뭐 해?"
"KFC 치킨 먹으러."

나는 농담인 줄 알고 웃으며 되물었다.

"Korean Fried Chicken?"

그는 고개를 저었다.

"아니, Kentucky Fried Chicken."

순간 뭔가 이상하다고 느꼈다. 그가 대뜸 '대구'라는 지역을 언급하더니, '대한민국 치킨의 성지'라고 말한 것이다. 나는 어리둥절했다. '외국인이 대구를 알고, 치킨의 성지라고 부르다니…' [1]

그는 빙긋 미소 지으며 말했다.

"너 얌! 브랜드(Yum! Brands) 알지? KFC, 타코벨, 피자헛을 전부 운영하는 회사야. 그리고 내가 그 얌! 브랜드의 회장

---

1 (페리카나, 맥시칸, 처갓집, 멕시카나, 교촌, 호식이 두마리치킨, 땅땅치킨 등이 대구에서 시작한 치킨 브랜드이다.)

이야."

우리는 그 날부터 친구가 되었고, 훗날 대구의 어느 KFC 매장에서 함께 치킨을 먹기로 약속했다.

인생은, 언제 어디서든 치킨으로 통한다.

5장

파이널 라인

초원의 아침

6월 28일(금)

사막 한가운데 자리한 이 캠프는, 마치 오아시스처럼 평화롭고 아늑했다. 마음이 처음으로 편안해졌다. 사방으로 펼쳐진 푸른 잔디와 초원은 마치 스위스 알프스를 닮은 한 폭의 풍경화 같았다. 이렇게 가까운 곳에 이런 선물 같은 장면이 있을 줄은 미처 몰랐다.

새벽 4시, 오랜만에 깊은 잠을 자고 난 덕분에 몸이 개운했다. 텐트 밖으로 나가니, 저 멀리 남편이 지평선을 바라보고 있었다.

그 곁에 나란히 서서, 천천히 떠오르는 해를 함께 지켜보았다.

어제까지만 해도 지친 몸을 겨우 추스르며 꾹꾹 눌러 담아야 했던 마음이, 오늘은 한결 가벼워졌다. 거친 울트라마라톤 현장에도, 평화롭고 고요한 순간이 존재했다. 그날의 아침, 자연은 우리에게 다시 살아갈 힘을 건네주듯, 깊고 따뜻한 감동을 내어주었다. 천천히 고개를 내민 태양은 세상을 찬란한 빛으로 물들였고, 우리 주변은 서서히 황금빛으로 번져갔다. 그 풍경 속에서 내 마음도 조용히 풀려나기 시작했다.

남편은 새벽 5시 스태프 회의에 참여했고, 나는 조금 여유를 부리며 식사를 준비했다. 80km 롱 마치를 마친 뒤라 배낭도 한층 가벼워졌고, 이제 짐 꾸리는 일도 제법 익숙했다. 그럼에도 마음 한 구석엔 여전히 불안이 남아 있었다. '어쩌면 오늘 또 다른 고난이 기다리고 있지 않을까?' 사막은 늘 예상을 뛰어넘는 질문을 던져왔고, 파이널 라인을 순순히 내어줄 리 없다는 걸 나는 누구보다 잘 알고 있었다.

의료팀 대장 제이(Jay)는 출발 직전, 충분한 수분 섭취와 휴식, 그리고 스트레칭을 강조했다. 우리 모두는 들뜬 표정으로 그의 브리핑을 들었다. 이윽고 메리가 출발을 알리는 신호를 주자, 우리는 몽골의 평화로운 초원을 향해 힘차게 달리기 시작했다.

오르혼 강 (Orkhon River)

 오늘 코스에서는 일찍부터 오르혼 강의 지류인 작은 강을 건너야 했다. 대부분은 신발을 신은 채로 건너가지만, 나는 그럴 수 없었다. 신발을 벗고, 양말 두 겹을 조심스레 풀어 낸 뒤 한 걸음씩 물속을 건너고, 발을 깨끗이 닦아 다시 양말을 겹쳐 신고 신발끈을 묶었다. 조금 번거롭긴 해도, 젖은 신발 안에서 발에 물집이 잡히는 것을 피하기 위해서는 반드시 필요한 과정이었다. 덕분에 발은 심각한 부상 없이 잘 견뎌내고 있었다.

'사막에 강이라니!'

이곳은 사막이 맞나 싶을 만큼 생기가 넘쳤다. 초록빛 들판과 새파란 하늘, 강물 흘러가는 소리… 칭기즈칸이 이 땅을 수도로 삼았다는 게 납득될 정도였다. 광활한 산길에는 들꽃이 만발했다. 제각기 피어난 꽃들은 바람에 살랑이며 은은한 향기를 퍼뜨렸고, 그 사이를 나비들이 날아다녔다. 작은 생명들의 은밀한 날갯짓에 정신이 팔려 마라톤의 피로를 잊었다.

주최 측도 이 풍경을 의도했을 것이다. 고비 사막의 혹독함을 겪은 뒤, 이렇게 천국 같은 초원을 달릴 수 있다니. 어제의 고통은 어느새 기억 저편으로 사라졌고, 이미 결승선을 밟아 보기도 전에 다음 레이스를 상상했다.

다시 꿈꾸게 만드는 대지

다시 속도를 높여 빠르게 뛰었다. 빛나는 아침 햇살 아래, 이곳은 '사막'이라는 말이 무색할 정도로 평화롭고 축복 가득한 공간이다. 황량함과 극한만이 전부가 아니라 물이 흐르고, 꽃이 피고, 생명이 숨 쉬고 있었다. 내리쬐는 태양 아래 불어오는 산들바람, 노란 들꽃 군락, 그 사이를 가볍게 뛰어가는 선수들. 오르혼 강의 맑은 물소리에 귀를 기울이며 나는 알게 되었다. 울트라마라톤은 단순히 '달리는 경기'가 아니라 자연과 하나 되어 그 속에서 삶의 깊은 의미와 내면의 평화를 되찾는 여정이었다.

나는 가끔 생각한다. 사람은 왜 달릴까?

세상에는 재미있는 운동이 많은데, 굳이 달리기를 선택하는 이유는 뭘까? 단순하고 지루할 만큼 반복적인 데다, 숨이 차고 몸도 힘든 일인데 말이다.

그런데 달리기를 하는 동안, 나는 나를 다시 만나게 된다. 내 심장 소리, 숨소리, 다리의 움직임에 집중하고, 어느새 주변 풍경에도 눈길을 준다. 몸은 지치지만, 마음은 점점 차분해진다.

사람들은 결승선을 향해 달리고, 그 결승의 순간에 환호하지만—달리는 사람은 그 여정의 모든 순간에 집중하며, 때로는 즐긴다. 그건 오직 직접 달려본 사람만이 누릴 수 있는 축복이다.

결국 레이스도, 인생도, 결승선에 도달하는 게 전부는 아닐 것이다. 그 과정에서 마주한 숨 가쁜 순간들, 흔들리는 마음, 옆에서 응원하던 이들의 눈빛…

그 모든 순간들이 바로 축복이라는 걸, 달리면서 조금씩 깨달아간다.

초원의 불청객이 된 나

광활한 몽골 초원 위에서, 소들은 자유롭게 노닐고 있었다. 울타리도 없으니, 이 드넓은 대지가 곧 그들의 놀이터였다. 평화롭게 풀을 뜯는 소떼 사이를 지나가던 중, 소 한 마리와 눈이 딱 마주쳤다. 커다란 눈망울에 호기심이 가득 묻어 있었다.

그러더니, 그 소가 어느새 나에게 성큼성큼 다가오더니 내 앞에 털썩 앉아버렸다.

"뭐지?"

당황스러운 표정을 지을 새도 없이, 초원 곳곳에서 풀을 뜯고 있던 소들이 하나둘씩 몰려왔다. 어느새 나는 사방을 둘러싼 소떼 한가운데 서 있었다. 수십 마리의 소들 사이에 완전히 갇힌 셈이었다.

'이 녀석들, 설마 공격하려는 건 아니겠지?'

손에 땀이 배어나오고 심장이 서서히 요동쳤다. 스페인의

투우장 같은 장면이 머릿속을 스쳤다. 도망쳐야 할지, 가만히 있어야 할지 판단이 서지 않았다. 마침 저 멀리서 달려가는 사람이 보여, 나는 조심스레 그러나 다급하게 소리쳤다.

"헬프 미…!"

목소리를 크게 내면 소들이 흥분할까 봐, 거의 속삭이다시피 "헬프…"를 반복했다. 하지만 주변은 고요했고, 이 수십 마리 소의 벽 앞에서 레이스는커녕 사고라도 나면 어쩌나 싶어 눈앞이 깜깜해졌다. 십여 분쯤 지났을까, 드디어 누군가 가까이 다가왔다. 우영 씨였다.

"우영 씨, 나 좀 도와주세요! 애네들이 길을 막고 있어요. 어떡하죠?"

우영 씨는 의외로 태연했다. 그리고는 손을 휘휘 저으며 "휘이~ 휘이~" 하고 소들을 쫓았다. 마치 주문이라도 걸린 듯, 그 많은 소들이 일제히 옆으로 비켜섰다.
나는 너무 어이가 없어서 멍한 표정으로 우영 씨를 바라보았다. 두려움과 긴장이 풀리며 굳었던 다리가 후들거렸다. 소 떼들이 옆에서 한가롭게 풀을 뜯고 있자니, 문득 이 상황 자체가 우스꽝스러웠다. 이내 우리는 다시 초원 위를 나란히 걸었다.

처음에는 '완주'가 목표였다. 하지만 걸음을 계속 옮기다 보니 욕심이 조금씩 생겨났다. '조금이라도 더 빨리 도착해 볼까?' 소들이 알려준 메시지는 분명했다.

"천천히 가라. 이 길을 온전히 누려라."

나는 걸음을 늦췄다. 덜컹거리던 가슴을 진정시키고, 이 대지가 선사하는 모든 것을 깊이 음미하기로 했다.

물살

 저 멀리 오늘 밤을 보낼 마지막 캠프가 보였다. 그러나 그곳까지 가기 위해선 폭 40미터가 넘는 오르혼 강을 건너야 했다. 지난 날 내린 비로 강물은 불어나 있었고, 물살은 예상보다 훨씬 강했다.

 내 앞에는 미국에서 온 70세 곱추 할머니, 비키가 건너고 있었다. 강을 가로질러 설치된 안전 로프를 꼭 붙잡고, 작은 몸으로 물살을 헤치고 나아가는 모습이 놀라웠다. 강 곳곳에는 스태프들이 서서 손짓으로 우리를 안내했지만, 차가운 물이 배꼽까지 차오르고, 물살은 온몸을 흔들 만큼 거셌다. 한 걸음 내디딜 때마다 몸이 휘청였고, 배낭은 물살에 휘감겨 자꾸만 뒤로 끌려갔다.

순간 중심을 잃고 물살에 휩쓸려갈 뻔했을 때, 누군가가 내 배낭을 힘껏 붙들었다.

"괜찮아요. 조금만 더 가요."

안전 스태프가 내 배낭을 꽉 움켜쥐고, 강가 쪽으로 조심스럽게 나를 이끌었다.

강을 간신히 건넌 뒤, 문득 비키가 눈에 들어왔다.

나보다 훨씬 왜소한 비키는 별다른 흔들림 없이, 마치 강의 흐름과 하나가 된 것처럼 씩씩하게 걸어 나가더니, 금세 반대편 강둑에 닿았다.

나는 숨을 고르며 조심스레 물었다.

"어떻게 그렇게 잘 건너셨어요? 물살이 엄청 세던데…."

비키가 조용히 웃으며 말했다.

"연습했어요. 이 구간을 대비해서 일부러 물살 센 강을 찾아다니며 건너는 연습을 많이 했어요."

그녀의 눈빛이 빛났다. 철저한 준비와 반복된 훈련. 비키는 강한 사람이었다.

스위퍼

 오늘, 남편이 스위퍼(sweeper)로 나섰다. 스위퍼는 레이스의 맨 뒤에서 꼴지 선수의 속도에 맞춰 천천히 걷는다. 그리고 지나온 코스마다 꽂혀 있던 핑크 깃발을 하나씩 걷어 들이며, 조용히 레이스의 마지막을 정리하는 역할을 한다. 20km가 넘는 거리를 걸으며 깃발을 뽑아야 하니 체력 소모가 만만치 않다. 하지만 스위퍼에게 그보다 중요한 건 마지막 선수를 부담스럽지 않게, 묵묵히 지지해 주는 일이다.

 저 멀리, 마지막 선수의 모습이 서서히 보이기 시작했다. 고개를 숙인 채, 온몸으로 고단함을 버텨내며 천천히 다가오는 걸음. 그 걸음엔 포기란 없었다. 오직 끝까지 가겠다는 고요한 결심만이 있었다.

 캠프 안이 술렁이더니, 누군가 먼저 박수를 치기 시작했다. 곧 모두가 자리에서 일어나 마지막 선수를 맞이하러 캠프 입구 쪽으로 모여들었다. 포기하지 않고 끝까지 걸어온 그 발걸음에 아낌없는 박수와 환호가 쏟아졌다. 그 박수와 환호는 단순한 환영이 아니라, 한 사람의 용기를 향한 깊은 존경이었다.

 그 뒤를 따라, 남편이 가슴 가득 핑크 깃발을 안고 들어섰다. 길을 정리하며 마지막까지 함께 걸어준 스위퍼에게도 캠프 사람들은 따뜻한 박수와 진심 어린 감사를 보냈다.

 햇볕에 그을린 얼굴, 묵묵한 눈빛, 그 조용한 걸음 하나하나에는 함께 걸어온 시간들이 고스란히 담겨 있었고, 그 자체로 깊은 위로가 되었다.

시간이 머문 곳에서

6월 29일(토)

드디어 마지막 스테이지가 시작됐다. 단 10km만 더 가면 모든 레이스가 끝난다. 결승선은 하르호린(Kharhorin)에 자리 잡은 에르덴조(Erdene Zuu) 사원(1586년에 지어진 몽골 최초의 티베트 불교 사원)이다. 한때 몽골 제국의 영광과 함께 번성했다가, 1930년대 스탈린 정권의 탄압으로 대부분 파괴된 뒤 일부만 남았다고 한다.

오늘 출발 시간은 네 그룹으로 나뉘었다. 새벽 5시, 6시, 6

시 30분, 그리고 7시.

그리고 오전 9시 30분에는 에르덴조에서 울란바토르로 향하는 버스가 출발한다고 했다.

나는 최종 등수 하위 30명 그룹에 들어 새벽 5시 출발팀에 배정되었다. 텐트 생활도 오늘로 끝이다. 고되고 불편했지만, 마지막 날에는 꿀잠을 잤다. 어제 밤은 의외로 깊이 잠들어 버렸다. '이제 막 적응했는데 마지막 밤이라니…' 하는 아쉬움이 스쳤다.

내 텐트 메이트들은 6시나 6시 30분 출발팀이라, 아직 꿈속에서 헤매는 친구들도 있었다. 그들이 비몽사몽한 얼굴로 "행운을 빌어!"라고 속삭일 때, 새벽의 맑은 공기가 마음을 울렸다.

"그래, 이제 마지막이다."

메리가 출발 신호를 주자, 우리는 새벽 공기를 가르며 조용히, 그러나 힘차게 출발했다. 오르혼 강을 건너고, 하르호린의 작은 마을을 지나갔다. 이른 새벽이라 모든 것이 고요했다. 가끔 핑크 리본이 안 보여 길을 잃을 뻔했지만, 혼란 속에서도 다시 방향을 잡고 발걸음을 옮겼다. 그때 뒤늦게 출발한 팀이 빠른 속도로 나를 추월해 지나갔다. 순간 자존심이 슬며시 상했지만, 곧 마음을 다잡았다. 내 페이스대로 가야 했다.

멀리서 에르덴조 사원이 모습을 드러냈다. 그 거대한 흰색 성벽이 선명하게 눈에 들어왔다. 성벽 위에 일정 간격으로 서 있는 불탑들, 그리고 그 너머로 파노라마처럼 펼쳐진 초원은 마치 푸른 바다 같았다.

처음엔 '이게 바닷가에 서 있는 성인가?' 하고 착각할 정도였다. 끝없는 대지 위에 우뚝 솟은 성채였다.

성벽 위에는 깃발들이 바람을 타고 힘차게 나부낀다. 초원 위를 질주하는 옛 기마병들의 함성이 들려 오는 듯, 수백 년 전 몽골 제국의 영광이 이곳을 감싸는 느낌이었다. 광활한 초원의 바람이 깃발에 걸려 춤추듯 퍼져 나갔다.

온몸이 땀에 젖었지만, 이 마지막 10km는 정말 짧게 느껴졌다. 7일간의 모든 고통과 인내, 수많은 변덕스런 날씨와 거리의 압박이 이 한 순간을 위해 준비된 것 같다. 숨을 들이쉴 때마다 감사를 마음에 채우고, 내쉴 때마다 감동이 흩뿌려진다.

"드디어 끝이 보인다."

그 순간, 심장이 두근거리기 시작했다. 카메라 플래시나 주변 사람들의 시선을 의식하기보다, 이 길을 묵묵히 걸어온 나 자신에게 수고했다고 말해 주고 싶었다.

'이제 결승선에 선다면 어떤 기분이 들까? 울음이 터질지, 웃음이 나올지.'

나는 한 발을 성벽 안으로 옮기며, 마지막 숨을 크게 들이쉬었다.

"고마워."

감사가 터져나왔다. 이 길 위에서 만난 모든 고통과 기쁨이 파노라마처럼 스쳐 지나갔다.

사원의 웅장한 성벽을 지나 안으로 들어서자, 마치 시간이 멈춘 듯한 고요가 펼쳐졌다. 그 순간, 내 안의 마지막 힘이 솟구치듯 올라왔다. 나는 망설임 없이 온몸을 던져 전력질주를 했다.

눈앞에 다가온 결승선―이 길을 꿈꾸며 흘려온 모든 시간과 수고가 단숨에 스쳐 지나갔다.

"해냈다, 드디어 내가 해냈다."

모두들 무모하다고 했다. "너무 힘들 거야." "차라리 포기하는 게 나을지도 몰라." 하지만 나는 멈추지 않았고, 파이널 라인을 넘어섰다. 결승선에 오기까지, 사막을 헤치고 강을 건너며 혹독한 밤들을 뒤로하고 오직 한 걸음씩 내딛는 것만이 전부였다. 마지막 한 걸음을 내디뎠다.

결승선을 넘는 순간, 세상의 모든 소리가 멀어지고 감각이 사라졌다. 텅 빈 머릿속에 기쁨과 감동, 희열, 해냈다는 뿌듯함―그 모든 것이 한꺼번에 밀려와 가슴이 일렁거렸다. 이 감정을 어떤 말로 표현할 수 있을까.

난 완주했다. 고비의 모래바람을 뚫고, 끝없는 초원을 넘고, 거친 강을 건너며, 혹독한 밤을 이겨 냈다. 그 길 위에서 내 한계를 뛰어넘었다. 마침내 스스로를 넘어선 것이다.

바로 그때, 남편이 다가와 아무 말 없이 내 목에 완주 메달을 걸어 주었다. 울컥했다. 메달 안에는 내가 흘린 땀과 눈물, '포기하고 싶다'던 절망의 순간들이 빼곡히 새겨져 있었다. 그 메달을 손에 쥐자 묵직한 감각이 전해졌다.

"내 인생의 첫 메달."

그 무게는, 내 모든 시간을 그리고 내 모든 이야기를 대변하고 있었다.

85등, 그리고 나만의 목표

최종 기록은 85등. 그래도 내 뒤에는 스무 명이 더 있었다. 그들 대부분은 부상이나 심각한 물집으로 절뚝이며 결승선을 넘은 사람들이었다. 하지만 내게 순위는 처음부터 중요하지 않았다.

"부상만 없다면, 그리고 내가 나를 포기하지 않는다면, 완주할 수 있다."

그것이 내가 세운 유일한 전략이었다. 그리고 나는 그 전략에 끝까지 충실했다.

레이스 동안 아름다운 풍경을 담은 사진 한 장도 찍지 않았다. NHK 밀착 취재팀, RTP 공식 촬영팀, 전문 사진작가들이 카메라를 들고 이리저리 뛰어다녔지만, 나는 전혀 신경 쓰지 않았다.

레이스 후, 사진을 본 딸아이가 놀라며 말했다.

"엄마, 왜 저렇게 하고 다녔어? 좀 예쁘게 하고 달리지."
"조금이라도 다른 것에 신경 썼다면 완주 못 했을 거야."

내게 필요한 건 오직 한 걸음뿐이었다. 모든 걸 내려놓고 내디딘 한 걸음, 그 한걸음이 모여 결국 나를 결승선에 데려다주었다.

피자

결승선에서 우리를 반겨 준 건 따끈한 피자였다. 몽골 사막에서 맛보는 이 맛있는 피자라니—믿을 수 없을 정도로 환상적이었다. 라지 사이즈 한 판을 순식간에 해치우고, 또 한 조각을 슬며시 집어드는데 남편이

"그만 먹어!"

하고 막았지만, 이미 늦었다. 피자 한 조각을 손에 든 나는

그냥 웃음이 터져버렸다. 이렇게 행복할 수 있다니!

그 길고 힘든 시간 동안, 국적도 나이도 직업도 중요치 않았다. 누구도 대신 걸어줄 수 없는 그 길을 함께 걸었기에, 그만큼 우리는 서로를 깊이 이해하게 되었다. 뜨거운 태양 아래 서로를 격려하고, 차디찬 밤을 견디며 한 걸음 한 걸음 내디뎠던 우리는 이제 기쁨 속에 실컷 울고 웃었다.

"장하다!" "대단하다!"

서로를 향한 찬사가 끊이지 않았다.

완주 기쁨을 만끽하던 중, 내 텐트 메이트였던 영국인 스티브(Steve)가 남편에게 다가왔다.

평소 장난스럽고 소탈했던 그였지만, 이 순간만큼은 완벽한 영국 신사 모드였다. 허리를 곧게 세우고, 정중함을 한껏 장착한 채 물었다.

"줄리와 사진을 찍어도 괜찮겠습니까?"
"그리고… 이 기쁨을 영국식으로 표현해도 될까요?"

남편은 피식 웃으며 어깨를 으쓱했다.

"당연하죠."

그 말이 떨어지기 무섭게, 스티브는 팔을 활짝 벌려 나를 꼭 끌어안았다. 마치 약속이라도 한 듯, 우리는 가볍게 서로의 등을 두드리며 웃음을 터뜨렸다. 그리고 이내 한 발짝 물러서서 진지한 표정으로 고개를 끄덕였다. 완벽한 영국식 완주 세리머니였고, BBC 다큐멘터리에 내보내도 손색없을 장면이었다.

끝없는 도전의 사나이

스티브는 올해 60세. 이번이 벌써 다섯 번째 사막 마라톤 참가다. 50대 초반까지 그는 한 전문직에 종사하며 꽤 높은 연봉을 받았다고 한다. 하지만 '자신만의 진짜 인생'을 살고 싶어 모든 걸 내려놓고 모험의 세계로 뛰어들었다고 한다. 대회 참가비와 여행 경비는 그에게도 매번 큰 부담이 된다고 했다. 연금 대부분을 대회 비용으로 쓰고, 부족하면 적금을 깨고, 경주를 하며 그 경험을 글로 나누어 친구들에게서 소소한 후원을 받기도 하지만, 결코 풍족하진 않다고 한다. 그는 지금의 삶을 선택한 걸 후회하지 않으며, 이런 삶을 살 수 있게 허락해 준 아내 제인에게 늘 고마움을 느낀다고 했다.

"그녀가 아니었다면, 나는 여전히 사무실 책상에 앉아 나를 잊은 채 살고 있었을 거야."

스티브는 '끝없이 도전하는 삶'을 살고 있다. 2022년, 아마존 밀림에서 열린 정글 마라톤 대회를 완주했다. 울창한 열대 우림을 가로지르는 이 레이스에서는 실제로 눈앞에 아나콘다, 재규어, 전갈이 나타나기도 했다고 한다. 뿐만 아니라, 고비 마치에 오기 불과 3일 전에도 영국의 오프로드 자전거 루트인 King Alfred's Way를 열흘 넘게 자전거를 타고 달렸다. 그는 쉼 없이 자신만의 모험을 이어가고 있었다. 소식에 의하면 고비 마치를 완주하고, 같은 해 10월에는 요르단 사막 레이스에도 도전해 또 한번의 완주를 기록했다고 한다. 지금 이 순간에도 탄지니아를 거쳐 에베레스트에 오르고 있으며, 곧 남극에서 열리는 Last Desert 레이스에도 참가할 예정이라고 한다.

레이스 도중 여러 번 스티브에게 물었다.

"대체 왜 이렇게 힘든 경주를 계속하는 거야? 그것도 엄청난 비용과 시간을 들여가며…."

그의 대답은 한결같았다.

"Because I am stupid."

처음엔 피곤 속에서 나온 짜증 섞인 농담인가 싶어, 괜한 질문을 한 건 아닌가 싶어 순간 움츠러들기도 했다.
그런데 7일간 텐트 메이트로 지내며 많이 친해진 뒤 다시 물었을 때도 그는 같은 대답을 했다.

"Because we are stupid."

바보 같은 존재이기 때문에 이토록 힘든 경주를 계속한다니, 도대체 무슨 의미일까? 그런데 곧 그는 뜻밖의 비유를 꺼냈다.

"여자들이 첫 아이를 낳고 나서는 출산의 고통을 기억하며 '다신 아이 안 낳아'라고 말하잖아? 그런데 시간이 지나 천사 같은 아이를 키우다 보면 그 고통을 잊고 결국 둘째를 낳게 되지?"

내가 "와, 정말 멋진 비유다!"라고 감탄했다. 레이스가 끝나고 나서, 나는 스티브에게 의기양양하게 말했다.

"나, 다른 레이스에도 또 나가고 싶어!"

그러자 그는 배를 잡고 웃으며 말했다.

"너 바보구나! 벌써 그 고통을 잊어버렸니?"

한계를 넘으면 보이는 세계

"그럼 넌 왜 여기 온 거야?"

그들은 내게 물었다. 나는 잠시 망설이다가 솔직히 대답했다.

"나… 잘 모르겠어. 그래서 답을 찾고 싶어서 온 거야. 이렇게 많은 사람들이 이 고생을 사서 하는 이유가 뭔지 궁금했고, 사실 나도 내가 왜 여기 있는지 아직 확신이 없거든."

나는 이유조차 모른 채 이 길을 걸었고, 내가 나를 어디로 이끌고 있는지 알고 싶었다.

그 답을 찾기 위해서는 결국 계속 걸을 수밖에 없었다. 같은 자리에 머무는 한, 답은 보이지 않는다. 움직이는 것은 무모한 일이 아니라, 답을 찾기 위한 몸부림이다.

우리는 종종 착각한다. '의미가 있어야 실천할 수 있다.'고 말이다. 하지만 세상의 많은 일은 의미가 있어서 시작하지는 않는다. 오히려 시작하니 의미가 생기는 경우도 허다하다. 무모하다고 여겨지는 것은 아마도 우리의 관습 때문일 것이다. 의미는 세상이라는 커튼 뒤에 숨어 있다. 나는 어떤 의미가 숨겨져 있는지 몰라 살짝 들춰 보려는 것이다.

몸은 이미 만신창이가 되었고, 피로가 뼛속 깊이 스며들었다. 이상하게, 내가 걷고 뛰는 동안 '살아 있음'을 강렬하게 느낄 수 있었다. 한계를 넘어설 때만 보이는 새로운 세계가 있다. 내가 살며 옳다고 여겨온 의미들이 무너지고 다시 세워지는 세계. 어느덧 나는 그 세계 한가운데에 서 있었다.

지금까지 나는 나와 가족의 안위를 가장 중요하게 여겨왔다. 남들보다 뒤처지지 않기 위해 애썼고, 지금 내가 가진 것들은 나의 노력으로 얻어낸 결과라고 생각했다. 그러면서도 마음 한켠에는 아직 이루지 못한 것들에 대한 아쉬움이 늘 자리하고 있었다.

이곳에서 내가 생각한 목표는 신기루처럼 사라졌다. 나는 내 한계를 뛰어넘는 과정 속에서 새로운 깨달음을 얻었다. 고난은 그저 삶의 부정적인 요소가 아니었다. 오히려 새로운 길을 열어주는 문이었다. 하지만 고난은 혼자서는 결코 넘을 수 없는 단단하고 높은 벽이기도 했다. 그런데 만약 함께한다면? 벽 앞의 나는 작지만, 벽 앞의 우리는 크다. 서로를 북돋고, 응원하며, 손을 내밀어 준다면 우리는 결국 그 벽을 넘을 수 있다.

고난은 내게 물었다. '너는 진정 어디로 가길 원하는가?'

'어디로'라는 물음에 나는 '어떻게'로 답했다. '함께'라는 답을 찾았을 때, 나를 가로막고 있던 벽은 비로소 문으로 바뀌었다. 어쩌면 삶에는 답이 없는지도 모른다. 모두가 답을 찾고 있지만, 애초에 질문이 잘못됐을 수도 있다. 내가 이 여정에서 얻은 것은 '정답'이 아니라 삶에 임하는 태도였다.

고통 너머, 함께 이뤄낸 성취 속에서 나는 내가 이전에 알지 못했던, 완전히 새로운 세계를 마주했다. 함께였기에, 나는 이 길 끝에서 새로운 나를 만날 수 있었다.

6장

시작점으로

다시 울란바토르로

우리는 울란바토르로 향했다. 출발 전날 머물렀던 호텔로 돌아가는 길이다. 참가비에는 캠프 출발 전날과 레이스 종료 당일의 호텔 숙박이 포함되어 있어, 이곳에서 짐을 찾고, 씻고, 하루를 편히 쉴 수 있다.

사막에 처음 도착했을 땐 따뜻한 샤워와 수세식 화장실, 푹신한 침대가 얼마나 간절했던지. 그런데 이상하게도 완주한 지금은 그 모든 것들이 그리 절실하게 느껴지지 않는다. 몸은 여전히 피곤하지만, 마음만큼은 사막의 바람과 모래에 길들

여진 듯 고요했고, 묘하게 단단해져 있다.

이제 울란바토르에 도착하면 맡겨 두었던 짐을 찾고, 뜨거운 물로 온몸을 씻고, 푹신한 침대에 누울 수도 있다. 그리고 사막 마라톤의 마지막 일정인 시상식(Award Banquet)에서 따뜻한 식사와 각자의 여정을 축하하게 된다.

그러나 도시로 돌아가는 길 역시 쉽지 않았다. 울란바토르까지는 무려 8시간이 걸렸다.

드문드문 구멍이 난 아스팔트 도로를 달리던 25인승 미니버스가 갑자기 덜컥, 멈춰 섰다. 운전기사는 당연하다는 듯 앞쪽 엔진 뚜껑을 열고 맨손으로 차를 고치기 시작했다. 이런 광경을 처음 보는 유럽 선수들은

"운전기사가 엔지니어고, 엔지니어가 운전기사야!"

하며 탄성을 내뱉었지만, 나로서는 낯설지 않은 풍경이었다. 어릴 적 동네 골목에서 비슷한 장면을 종종 보곤 했으니까.

엔진 수리 시간이 길어지자, 버스에서 내린 남자 선수들은 저 멀리 지평선을 향해 몸을 돌려 소변을 보기 시작했다. 미

국·영국·프랑스·브라질·대만·스페인… 각국 남자들이 줄지어 지평선을 향해 서 있는 모습이 절묘하게 우스워, 같이 있던 스티브도 배를 잡고 웃었다.

"이게 진정한 세계화인가 봐!"

중간에 두어 번 들른 고속도로 휴게소에서, 싱가포르에서 온 잉카이가 줄 서 뭔가를 사고 있길래 물었다.

"그거 맛있어?"
"한번 먹어볼래?"

그러고는 내 것까지 하나 더 사서 내 손에 쥐여주었다.
양고기였다. 한입 베어 무니 진한 육즙과 풍미가 입안 가득 퍼졌다. "이건 정말 맛있다!"며 감탄하는 내게 그는 김밥도 한 줄 건넸다. 그런데 '김밥'이라고 하기엔, 한국 김밥이 알면 섭섭해할 맛있었다. 그는 한국 음식을 특히 좋아한다고 했다. "다음에 한국 오면, 내가 진짜 김밥 만들어 줄게!"라고 하니, 그의 눈이 반짝였다.

시상식만큼 중요한 일

 따뜻한 물로 머리를 감고 뜨거운 물줄기에 샤워하는 순간만 떠올려도 입가에 미소가 번졌다. 7일 내내 모래먼지를 뒤집어쓰고 뛰었던 우리 모두의 간절한 소망이었을 것이다.

 120여 명의 참가자와 수십 명의 봉사자와 스태프까지, 아마 전 인류가 동시에 같은 바람을 품은 듯 했다. 그 때문이었을까. 수도꼭지를 틀자마자 내 몸에 부딪힌 건, 뜨거운 물이 아니라 지독할 정도로 차가운 물줄기였다. 뜨거운 물이 완전히 동나버린 모양이었다. 숨이 멎을 듯한 차가운 냉수에 이빨

이 부딪히며 따드득 소리를 냈다.

오아시스를 기대했건만, 가까이 다가가 보니 이건 그냥 신기루였구나 싶어 마음이 허탈했다. 그래도 어떻게든 씻어 내야 했다. 난 체념하듯 입술을 꾹 깨물고 차가운 물을 끼얹었다.

샤워를 마치자 이번엔 발이 신경 쓰이기 시작했다. 제대로 들여다본 건 아마도 레이스가 끝난 뒤 처음이었다. 물집이 터지고 뜨거운 날씨와 땀, 습기가 더해지면서 발은 퉁퉁 부어 아기 돼지처럼 변해 있었다. 발바닥이 욱신거려 걷기조차 쉽지 않았지만, 그래도 해야 할 일이 있었다. 앨레스띠어의 선물을 사러가야 한다.

곧 시상식 파티가 시작될 터였지만, 선물을 메리에게 건네주고, 메리가 호주에 있는 앨레스띠어에게 전달해 주도록 하는 일이 가장 중요했다.

"혹시 파티 전에 못 돌아오면 먼저 가 있어."

남편에게 그렇게 말하고, 나는 또다시 전력질주했다. 레이스가 끝난 뒤에도 왜 이렇게 뛰어야 하는지. 레이스 때보다 빠르게 뛰었다. 호텔에서 1km 떨어진 캐시미어 매장에 도착하자마자 고민이 시작됐다. "뭘 사야 할까? 어떤 색이 좋을까?" 결국 고른 건 평범한 목도리 하나…

말로 다 하지 못한 고마움을, 이 따뜻함에 담고 싶었다.

정성껏 포장까지 부탁하고 나서야 마음이 놓였다.

매장에서 마주친 건 스위스 아주머니 다니엘라(Daniela)였다. 나처럼 레이스를 마친 후에도 호텔에서 쉬지 않고, 딸과 손녀에게 줄 선물을 사고 있었다. 우리는 나란히 호텔까지 걸어왔는데 그녀의 발걸음이 얼마나 빠른지, 절뚝대는 내 발이 겨우겨우 따라갈 정도였다.

나는 시상식을 마치고, 앨레스띠어를 위해 준비한 선물과 편지를 메리에게 전했다. 메리는 고비 마치를 마친 뒤, 곧 호주로 돌아가 앨레스띠어와 재회할 예정이라고 했다. 앨레스띠어는 글로벌 금융 분야에서 은퇴한 후, 지금은 호주에서 목재 생산용 농장(cabinet timber farm)을 경영하고 있다. 홍콩과 그의 고향 스코틀랜드를 오가며, 아내 메리가 운영하는 RacingThePlanet의 여정을 곁에서 지켜보고, 세상 곳곳에 조용한 온기를 전하며 살아가고 있다.

6월이면 그의 호주 농장 마당엔 오렌지와 자몽, 금귤이 주렁주렁 열린다. 그는 늘 내게 말했다. "6월에 꼭 놀러와. 과즙

가득한 오렌지를 맛보게 해줄게."

금귤나무도 있다고 했다.

"금귤은 너무 시지 않아요?"
"첫 맛은 시지만, 끝 맛은 달콤해."

순례길에서 진흙탕에 빠지기도 하고, 나처럼 절뚝거리며 걷고 있는 이에게도 따뜻한 밥 한 끼를 기꺼이 사주는 사람…
세상이 여전히 따뜻하다고 믿게 해주는 사람이 있다면, 그건 바로 앨레스띠어 같은 사람일 것이다.

어느 날, 앨레스띠어에게서 메시지가 왔다.
내가 선물한 목도리를 두르고, 호주 집 앞마당에서 찍은 사진과 함께였다.

"호주는 지금 겨울이야. 보내준 목도리 덕분에 따뜻하게 잘 지내고 있어."

짧은 메시지였지만, 마음 깊은 곳까지 감동이 전해졌다.

사진 속, 앞마당 잔디 위엔 두 마리의 캥거루가 한가롭게 놀고 있었다. 나는 아직 캥거루를 직접 본 적이 없지만, 괜히 이렇게 느껴졌다. 캥거루도 그의 따뜻함을 느꼈나 보다.

사람도, 동물도, 따뜻한 마음 곁에 머무르고 싶은 건 닮아 있다.

시상식

시상식 파티장에 도착하니, 이미 대부분의 사람들이 시끌벅적 자리를 잡았다. 남편은 한국 친구들과 함께 앉아 있었고, 멀리서 스티브가 손짓을 했다.

"여기 네 자리 맡아 뒀어!"

남편도 같이 오라고 했지만 스위스 아주머니, 다니엘라가 자리를 잡아달라는 부탁이 있어서 나는 남편을 두고 영국 친구들 쪽에 함께 앉았다. 어쩐지 그 장면이 익숙했다. 한국이든 몽골이든 영국이든, 어디든 친구들과 함께 앉고 싶어 하고, 자리를 맡아 달라고 부탁하기도 하고, 먼저 와서 자리를 지켜 주기도 한다. 국적과 문화가 달라도 사람 사는 모습은 크게 다르지 않았다.

시상식에서는 전체 1~3등뿐 아니라, 남녀별, 연령대별로 가장 좋은 기록을 낸 참가자들에게도 트로피가 수여되었다. 모두가 큰 박수로 수상자들을 축하했다. 모두 자신의 한계를 넘어선 이야기의 주인공이었다. 70세 곱추 할머니 비키는 트로피를 꼭 쥔 채, 무대를 내려오며 울먹였다. 나도 눈시울이 붉어졌다.

나에게 85등이라는 등수는 중요하지 않았다. 오직 완주. 부상 없이, 내가 나를 포기하지 않으면 가능할 거라 믿었고, 그 믿음대로 걸어 갔다. 단순하고 확실한 한 걸음에 대한 믿음. 그 믿음이 통했다. 그 결과, 나는 끝까지 달리고 걸어서 결승점을 통과했다.

다시 가족에게

 대구 공항에 도착하자, 아들과 딸이 환호하며 달려왔다. 출국 전, 그렇게 서럽게 울던 딸아이가 이제 환한 얼굴로 말했다.

 "엄마, 정말 해냈어? 대단하다! 엄마, 정말 자랑스러워. 엄마는 내가 본 사람 중 가장 행복한 사람이야. 나도 엄마처럼 살고 싶어."

라고 외치며 나를 꼭 끌어안았다. 옆에서 아들은 환하게 웃으며

"내 말이 맞지? 엄마 충분히 할 수 있다니까!"

라고 거들며, 시크하게 엄지손가락을 치켜올렸다.
레이스 기간 동안 딸아이는 RTP 홈페이지에 접속해, 실시간으로 내 GPS 이동 경로와 순위를 확인하며 나를 응원해 주었다고 했다. 결국 내가 무사 완주 소식을 전하자, 딸아이는 세상에서 제일 기쁜 사람인 양 환호했다.
남편도 내 고비 사막 250km 완주 과정을 옆에서 지켜보며 말했다.

"너희도 엄마처럼, 멋지게 살아라."

그는 고비 사막 250km의 여정을 마치고 얻은 그 메달과 배번호 10번을 소중히 챙겼다. 그리고 그것을 우리 집 현관 안쪽, 가장 잘 보이는 곳에 걸어두었다. 마치, 그 순간을 오래도록 기억하고 싶다는 듯, 앞으로 우리 가족에게 용기와 도전

의 상징으로 남길 바라는 마음으로.

나를 응원해 준 아들과 딸에게, 진심으로 고마움을 전하고 싶다. 사실 딸의 눈물과 아들의 태연함, 그 상반된 감정이 내 마음을 단단히 붙잡아 주었다. 서로 다른 방식으로 전해진 사랑이 없었다면, 내가 고비 사막으로 떠날 결심을 하긴 어려웠을 것이다. 그들의 사랑과 신뢰가 나를 여기까지 이끌었다. 결국, 나를 끝까지 걷게 한 건 나 자신이었지만, 그 길을 외롭지 않게 만든 건, 내 곁에 머물러 준 사랑이었다.

딸은 입시 압박으로 힘들어했다. 하지만 그 와중에도 "엄마가 해낸 것처럼 나도 할 수 있어." 같은 말을 종종 하곤 했다. 아들은 아들대로, "엄마가 250km나 뛰고 걸었다는데, 내가 못 할 게 뭐가 있냐!"며 스스로를 북돋는다. 내가 고비 사막에서 흘린 땀과 눈물의 시간이, 우리 아이들에게도 작은 용기가 되어 주었다니. 때때로 "내 선택이 이기적이었나?" 하고 고민하기도 했지만, 아이들을 보니 전혀 그렇지 않았다.

성공적으로 레이스를 마치고 돌아왔을 때, 딸과 아들이 환하게 웃으며 맞이하던 장면은 평생 간직하고픈 소중한 기억이 되었다. "엄마가 없는 이 힘든 시간을 견뎌 볼게."라고 말하던 딸의 결심, 그리고 "엄마, 왜 우리 때문에 포기해?"라고 말하던 아들의 태연함—이 모든 것이 결국 우리 가족을 성장시켰다.

어쩌면 엄마가 없는 시간이 아이들에게도 자기만의 힘을 발견할 기회였는지도 모른다. 그리고 그 시간들을 함께 버텨 낸 덕분에, 우리는 서로를 더 믿게 되었다.

"고맙다, 나의 아들딸아. 엄마는 멋진 사람이라고 힘주어 말해 준 너희 덕에, 나는 한 번 더 꿈에 도전할 수 있을 것 같다."

함께 달린 인연, 다시 서울에서 만나다

얼마 뒤, 잉카이가 서울로 출장을 온다는 소식을 들었다. 사막에서 도움을 많이 받았으니, 이번엔 내가 그를 대접하고 싶었다. 남편과 함께 서울로 향했다.

서초동의 한 보쌈집으로 초대해 보쌈과 막국수, 파전, 그리고 막걸리를 시켰다. 잉카이가 막국수 한 젓가락을 집어 들고 천천히 씹더니, 갑자기 눈을 동그랗게 뜨며 외쳤다.

"이거… 너무 맛있다! 이런 음식 처음 먹어 봐!"

입안 가득 감탄이 맴도는 표정으로, 잉카이는 연신 사진을 찍고 친구들에게 메시지를 보냈다. "서울 가면 꼭 먹어봐야 할 리스트 추가!"

막국수, 보쌈, 파전, 그리고 막걸리까지 모든 것이 잉카이에게는 그야말로 신세계였다고 했다. 고비 사막에서 타오르던 태양이, 이번엔 한국 식탁 위에서 또 다른 열기로 피어오른 순간이었다.

막국수를 감탄하며 먹는 잉카이의 얼굴을 바라보다, 그 길고도 뜨거웠던 사막의 여정이 새삼 감사하게 느껴졌다.

"함께하는 게 더 중요하지."

그의 말이 마음 깊이 스며들었다.

잉카이는 올해 9월, UTMB(Ultra-Trail du Mont-Blanc)에 출전할 예정이다. 프랑스 샤모니에서 출발해 이탈리아와 스위스를 지나 다시 샤모니로 돌아오는 171km의 장대한 여정으로 누적 상승 고도는 10,000미터에 이른다. 오래전부터 품어온 그의 꿈이었다.

아침마다 산을 달리고, 주말이면 긴 트레일을 찾아 나서는 일상. 그에게 달리기는 무언가를 견디기 위한 훈련이 아니라, 그저 그가 좋아하는 일상이었다.

매년 하나씩 목표를 세우고, 삶을 조율해나가는 그의 태도는 내게도 묵직한 울림을 남겼다.

그의 이야기를 듣는 것만으로도 마음이 뜨거워졌다.

그리고 문득—나도 달리고 싶어졌다.

우리는 언젠가 함께 제주에서 열리는 TransJeju by UTMB에 나서기로 약속했다. 그때는 정말, 내가 직접 김밥을 말아 그에게 건네주기로 했다.

사막에서 내가 받은 위로를, 다음 여정에선 내가 전해주고 싶다.

내가 이토록 강해진 이유

나는 늘 도전을 좋아했다. 한계를 넘을 때마다

"내가 어떻게 이렇게 강해졌을까?"

스스로 놀라기도 한다. 그리고 곰곰이 생각해보니, 그 답은 내 안에 있었다. 새로운 것을 추구하는 호기심, 그리고 넘어져도 다시 일어서는 끈기. 이런 기질은 어쩌면 엄마에게 물려받은 것 같다.

어릴 때 엄마는 초등학교 운동회의 달리기 대회에서 1등을 도맡았다. 그 피를 이어받아서인지, 나도 아이들 유치원 운동회에서 3년 연속으로 '엄마 달리기' 1등을 했다. 그때 상품으로 받은 냄비는 지금도 주방에서 반짝이고 있다.

하지만 정작 나는 엄마처럼 건강하지 못했다. 어린 시절, 운동회만 끝나면 꼭 고열에 시달리고 목이 부어 음식을 삼키지도 못했다. 별명은 '빼빼로'—마른 몸에 까무잡잡한 피부 때문이었다. 아픈 몸 탓에 병원을 자주 드나들었지만, 운동에 대한 관심과 도전 의지는 쉽사리 사그라지지 않았다. 여전히 운동이 좋았다.

엄마는 시골에서 맏딸로 태어났다. 여자라는 이유로 마음껏 배우지 못했지만, 누구보다도 넓은 세상을 꿈꾸었다. 시골 학교 동창회에서는 지금도 단연 인기 1순위이고, 70살이 넘은 지금도 활발하게 사회생활을 이어가고 있다. 새벽 4시 30분이면 남들보다 먼저 하루를 시작한다. 그렇게 부지런히 번 돈을 나와 손녀를 위해 아낌없이 내어 준다.

"여자라고 못할 게 없다."

엄마의 응원은 내 딸도 새겨 듣는다. 딸은 "할머니, 좀 쉬면서 하세요!"라며 걱정하지만, 그 말 속엔 애틋한 존경이 배어 있다. 할머니는 전교 1등 같은 마음으로 사신다며, 할머니의 삶을 통해 자신의 삶을 배워간다. 아들 역시 "내가 가장 존경하는 사람은 할머니야."라고 본받고 싶어한다.

나는 엄마에게 종종 말한다.

"엄마는 정말 성공한 인생을 살고 있어."

손자·손녀에게 존경받는 할머니, 그보다 더 아름다운 인생이 있을까? 엄마는 비록 자신이 꿈꾸던 군인이 되지는 못했지만, 누구보다도 멋진 삶을 살고 있다고 나는 믿는다.

어쩌면 내가 갖고 있는 힘은 바로 엄마로부터 왔을지 모른다. 가시밭길에서도 희망을 찾아내는 마법 같은 힘, 엄마가 지닌 강인함이다. 나는 넘어져도 끝내 일어섰고, 고난 속에서도 새로운 길을 찾았다. 그 힘으로 앞으로도 계속 달릴 것이다. 나의 영혼은 엄마를 닮았다.

에필로그

아내의 도전, 그리고 나의 봉사

아내가 산티아고 순례길을 다녀온 지 얼마 되지 않아, 몽골 고비 사막에서 열리는 울트라마라톤 250km에 참여하겠다고 선언했을 때, 솔직히 나는 웃음이 나왔다.

"평소 걷기 싫어해서 1km도 걸으면 안 되는 사람이… 250km라니?"

처음엔 그저 성격 탓이겠지, '일단 지르고 보자'라는 식의 성급함이 사그라질 줄 알았다. 자세히 알면 얼마나 힘든 경기인지 깨닫고 곧 포기하리라 생각했다. 그런데 내 예상이 빗나가기 시작했다.

믿기지 않는 훈련 과정

우리가 차 없이 가장 멀리 이동해 본 거리는 고작 40km 정도. 그것도 2인용 자전거를 타고서, 아내는 뒤에 타서 페달을 열심히 돌렸는지도 애매하다. 그런 사람이 하루아침에 250km를 걷고 뛸 수 있을까? 처음에는 5~10km 동네 산책을 하더니, 주말에 20km를 시도했다. 20km 처음 도전하던 날, 15km 지나서 아내 발에 거대한 물집이 잡혀 택시를 타고 귀가했다. 아내는 "이거 가능할까?"라며 불안해했다. 우리는 곧바로 러닝화를 새로 구입했고, 그 뒤로도 여러 번 물집이 생겼지만, 아내의 발바닥은 단련되기 시작했다. 점점 강해지더니 30km, 40km, 심지어 50km까지 주말 훈련을 소화했다. 보기엔 힘들어 보이는데도, 완주 가능성이 점차 현실로 다가오는 것 같았다. 대회 날짜가 가까워지자, 아내는 산길 20km 코스도 거뜬히 오르내렸다. 짧은 기간 동안 알차게 준비하는 아내의 모습이 믿기지 않았다.

봉사자로서, 그리고 남편으로서

아내가 RTP(레이싱더플래닛) 대회에 참여한다고 하니, 나는 봉사자(volunteer)로 지원했다. 사실은 "경기 도중 도움이 필요하면 내가 좀 도와줄 수도 있지 않을까?"라는, 다소 안일한 기대를 품기도 했다. 하지만 규정은 엄격했다.

"가족이라도 선수에게 호의를 베풀다 적발되면 규정 위반으로 선수는 패널티를 받는다."

결국 아내가 경기 중 "컵라면 좀 줄 수 없냐?"고 물어봤을 때도, 나는 "안돼!" 라고 잘라 말해야 했다. 참 미안했지만, 규정이 그러니 어쩔 수 없었다. 체크포인트에서 일하면서도 온통 아내 걱정뿐이었다. 발에 물집은 또 안 생길까, 넘어지진 않을까. CP에 아내가 도착하면 제일 먼저 컨디션을 확인해 주고, 편히 쉬도록 도왔고, 열심히 사진을 찍어 주었다. "봉사자가 남편이니 가능한 일이구나" 싶어, 카메라 셔터를 계속 눌렀다.

롱 마치(80km)에서의 기다림

가장 걱정됐던 건 롱 마치(80km) 구간이었다. 나는 CP1과 캠프에서 근무했는데, CP1 통과 당시 아내는 컨디션이 괜찮아 보였다. 그래도 하루 종일 마음이 조마조마했다. "별 탈 없이 완주했으면…." 하며 속으로 수십 번 기도했다. CP1 근무를 마치고 캠프로 이동, 선두 그룹은 오후 3시쯤 도착하기 시작했다. 시속 11km 이상을 내야 가능한 속도다. 그 뒤로도 선수들이 뜸하게 들어왔다. 결승선을 통과하면 힘에 부쳐 쓰러지는 선수들도 있었다. 밤이 깊어 갈수록, 아직 도착 못한 선수들의 동료들은 결승선을 지키며 기다렸다. 나도 아내를 기다리느라 잠들 수 없었다.

새벽 2시쯤 돌풍이 불며 기온이 급격히 떨어졌다. 소나기까지 내려 선수들 얼굴이 시퍼렇게 질려 들어왔다. 아내가 이런 날씨에서 무사할지 무척 걱정됐다. 마침 메리가 GPS 위치를 보여 주며 "줄리는 CP6를 통과해 CP7로 향하고 있어. 잘하고 있으니 걱정 말라"고 했다. 새벽 4시, 5시가 되어도 아내는 나타나지 않았다. 처음엔 '조금 늦는 건가' 싶었지만, 날이 밝고 6시, 7시가 되어도 보이지 않자 걱정이 점점 커졌다.

7시 넘어서 텐트 밖으로 나온 선수들이 결승선 앞에서 "화이팅!"을 외치며, 한두 명씩 들어오는 뒷그룹을 응원했다.

8시가 지나, 언덕 위에 두 사람이 보였다. 옷과 모자만 봐도 단번에 아내임을 알아봤고, 나는 망설일 틈도 없이 숨이 차도록 그쪽으로 달려갔다. 다행히 아내는 또 다른 선수와 함께 들어오고 있었다. 그제야 안심됐다.

"와 인자 오노? (왜 이렇게 늦었어?)"

설마 이 말이 먼저 나올 줄은 나도 몰랐다. 나는 얼른 휴대폰 카메라를 켜고, 아내에게 말했다.

"마지막 결승선이니 뛰는 모습으로 들어가자."

아내는 남은 힘을 쥐어짜 달렸다. 결승선을 통과하자마자 나는 아내를 꽉 끌어안았다.

"수고했어~~."

불가능하다 여겼던 걸 가능으로 만들어 낸 순간이었다. 아내 눈가에 눈물이 맺혔다. 밤새 비바람 속에서, 코스도 잘 보이지 않는데 무서웠다고 한다. 그런데도 끝내 해냈다.

아직 40km가 남았지만

롱 마치를 마쳤지만, 40km가 남아 있었다. 크게 걱정은 안 됐다. 아내가 진짜 강해졌기 때문이다. 난 그제야 긴장이 풀려 텐트로 돌아가 밤새 못 잔 잠을 잤다.

오후 3시쯤 일어나 아내와 주변을 산책하고, 같이 사진도 찍으며 여유로운 시간을 보냈다. 저녁엔 내가 숨겨 둔 컵라면에 뜨거운 물을 받아 아내에게 건넸다. 규정 위반일 수 있다며 아내는 괜찮다며 사양했지만, 그냥 주고 싶었다. 하지만, 곧 아내는 의외라는 듯 "괜찮겠어?"라고 묻고, 이내 젓가락질을 시작했다. 눈물을 글썽이며 맛있게 먹는 모습을 보니 미안했다.

다음 날 아침, 아내 얼굴이 이상하게 부어 있었다. 롱 마치를 무리하게 걸어 몸이 이상 신호를 보낸 모양이다. 의사는 특별히 해 줄 처치는 없다며 그냥 쉬라고만 했다. 다행히 붓기는 조금씩 가라앉았고, 남은 40km도 큰 문제 없이 완주했다. 마침내 최종 결승선을 통과해 메달을 목에 거는 아내를 바라보니, 그 표정이 얼마나 환한지.

처음에 '허무맹랑한 꿈'이라고 여겼던 게 생각나, 내 마음이 울컥했다. 이렇게 해내다니….

아내가 보여 준 가능성

아내는 원래 그렇게 운동을 좋아하는 사람이 아니었다. 그런데 목표(완주)를 정하고 훈련하며, 끝내는 그 목표를 이뤄냈다. 옆에서 모든 과정을 지켜본 나는, 아내가 얼마나 대단한지를 진하게 느낀다.

봉사자로 RTP에 함께하면서 새로운 세상을 경험했다. 세계 각국에서 온 많은 사람들을 만났다. 남편은 선수, 아내는 봉사자인 남아프리카 부부, 싱가포르 부부, 스위스·미국·일본·브라질 등 다양한 나라의 사람들… 모두가 서로를 응원하고, 또 사막을 누비며 우정을 쌓는 모습이 인상적이었다.

아내 덕분에 얻은 이 특별한 경험은 내게도 새로운 목표를 심어주었다. "다음 번엔 나도 선수로 도전해 볼까?" 아내가 보여 준 '불가능을 현실로 만든 여정'은 내 안에 잠든 도전정신에 불을 지폈고, 나 역시 언젠가 결승선을 향해 달려가고 싶다는 마음이 움트기 시작했다.

무엇보다 아내가 빛나는 주연이라면 나는 묵묵히 엑스트라가 되어 돕는 역할도 괜찮다. 그게 우리 부부의 모습이니까.

"운동을 싫어하던 아내가 250km 울트라 마라톤을 완주했다."

이 문장 하나가, 내가 아내를 바라보는 시선을 완전히 바꿔놓았다. 앞으로도 그녀가 또 어떤 대책 없는(?) 꿈을 꾸더라도, 나는 아마 이번처럼 응원할 것이다.

그게 두 번 다시 없을 기적은 아닐 거라 믿는다.

삶의 교차점에서 발견한 우연과 필연, 도전
그리고 길 위에서 자신을 발견할 수 있도록 도와준
가족에게 사랑한다고 전하고 싶습니다.

초판 1쇄 발행 2025년 4월 30일

저자 방주희
펴낸이 김영근
편집 김영근 최승희 한주희
디자인 김영근
펴낸곳 마음 연결
주소 경기도 수원시 팔달구 인계로 120 스마트타워 604
이메일 nousandmind@gmail.com
출판사 등록번호 251002021000003
ISBN 9791193471500
값 17000

2024 Gobi March 사진은 Onni Cao/RacingThePlanet Limited에서 제공했습니다. 사진에 대한 저작권은 Onni Cao/RacingThePlanet Limited에 있음을 명시합니다.